जागो
फिर इस बार

(उपन्यास)

गजेन्द्र आर्य

Anybook

Published By

Anybook

Cell : 9971698930

942, Mutthiganj, Prayagraj, 211003

E-mail : contactanybook@gmail.com

Website : www.anybookpublications.com

Hardcover, First published by Anybook in 2023

Printed and bound in India

Cover, Design & Typesetting by Anybook

ISBN : 978-93-91571-59-7

एक

किसी आशंका और आशा के बीच उलझे हुए थे- द्रोण।

उन्होंने बाहर देखा निबिड़ अन्धकार था। घुग्घू के भयावह स्वरों के बीच झिंगुरों की ध्वनि दबी कुचली लग रही थी। शताब्दी करवट बदल रही थी। इतिहास का गला दबाया जा रहा था। राजनीति तलवे चाट रही थी। संस्कृति पर चोट हो रही थी। राष्ट्रीय मानबिन्दुओं को समाप्त किया जा रहा था। इसके उपरान्त भी गौरवगाथाएँ सभी को जगा रही थीं पर लोगों को नींद चिपक गई थी, उस गोह की तरह जो दुर्ग की भित्ति पर चप्प से चिपक जाती और उनके शरीर पर रस्सियाँ बाँधकर लड़ाके ऊपर चढ़ जाया करते। चूल्हा बूझ चुका था पर राख में अंगारे धधक रहे थे। इन अंगारों से घर जल जाने की आशंका भी थी और चहुँओर प्रकाश फैलने की आशा भी। इसी आशंका और आशा के बीच उलझे हुए थे- द्रोण।

ब्रम्ह्म मुहूर्त का समय था। द्रोण जाग गए थे।

अंधियारे के अवसान एवं उजियारे के जन्म की पावन बेला थी। अभी खुलकर न प्रकाश हो पाया था और न अन्धकार का समापन, केवल धुन्ध छाई हुई थी। आदि से अन्त तक और शून्य से अनन्त तक आनन्द ही आनन्द, चहुँओर शान्ति ही शान्ति थी। नीली मेघमालाओं के क्षीतिज पर आलोक की झीनी झीनी कोपलें पनप रही थीं, जैसे यौवन का आभास होने पर किशोरी की आँखों में प्रीत के अनकहे शब्द उभरने लगते हैं। अन्धेरे के पैर उखड़ रहे थे और नूतन ज्योति पृथ्वी पर पैर पसारने को लालायित थी। गलीकूचों में बागरों की खर खर और मंदिरों की टुनटुनाती घंटियों से लगने लगा था धार नगर ने करवट बदली, अंगड़ाई ली, जम्भाई ली और ठीठका जीवन मध्दिम गति से चलने लगा।

'द्रोण को अपने गुरुदेव की बाँतें स्मरण आई। उन्होंने पूछा था 'द्रोण !'

'द्रोण बोला था 'जी गुरुजी।'

'देश को तेरी आवश्यकता है।'

'हाँ मैं देश के लिए मरने को तैयार हूँ।'

'आज देश के लिए मरने की नहीं जीने की आवश्यकता है।'

'मैं समझा नहीं।'

'तू अपना सारा जीवन भारत के पुनरुत्थान में लगा दे।'

'जी गुरुदेव। मैंने अपना जीवन देश को दिया।'

'भारत की जनता सोई हुई है, उसे जगा।'

'हाँ गुरुजी, मैं भारतीयों को जगाऊँगा।'

'मैं उस दिन की प्रतीक्षा करूँगा, जिस दिन तू या तेरा शिष्य भारत को परम वैभव पर पहुँचाएगा।'

'जी गुरुजी।'

'भारत माता की जय।'

नगर के बीचों बीच मध्यकालीन दुर्ग था, जिसके परकोटे पर करवट में गुलर का पेड़ सुघड़ता से झूल रहा था, जिस पर चमगादड़ इधर उधर से आ रहे थे और औंधे लटकते जा रहे थे, जैसे कोई उनकी कालर पकड़कर खूँटी पर टांग रहा हो। पेड़ से थोड़ी आगे परकोटे के कुछ पत्थर नीचे गिर गए थे, वहाँ खड्ढा बन गया था। घनीभूत अन्धेरे में घू घू करने वाले उलूक की घिग्घी बँध गई थी और वह खड्ढे में छिपने की जुगत में जुट गया। धुंधलके में नई बस्ती से आती मुर्गों की कुकड़ू कू आवाजें बेरोकटोक कानों में घूसे जा रही थीं और कहे जा रही थी कि भोर में सोने वालों की आयु कम हो जाती है और वह शरारती चिड़ियाँ जो महीन तिनकों से झज्जे पर कुछ दिनों से घोसला बुन रही थी, अभी गलियारे के पीछे मटमैले खपरेलों के ढ़ेर पर फुदक रही थी। थोड़ी आगे अमलतास का मझौला झबरीला पेड़ खड़ा था। एक बिछोही कौआ पिछले पखवाड़े से इस पर डेरा जमाये काँव काँव करता रहा, अब शान्त बैठा था।

नौ बज रही थी। द्रोण ने महाविद्यालय जाने की तैयारी शुरू कर दी। वह शासकीय महाविद्यालय में सहायक प्राध्यापक का पदभार ग्रहण करने जाने वाले थे। उन्होंने तय किया था कि मैं भारत की गौरवगाथा को विद्यार्थियों को बताऊँगा। मेरा भारत महान है, यह पुण्यगाथा जन जन तक पहुँचाऊँगा। प्राध्यापक द्रोण का जीवन सादगीपूर्ण था। राष्ट्रभक्त थे। भारतीय संस्कृति के पुरोधा और भारतीय मूल्यों से ओतप्रोत थे।

नगर पालिका वाली चौपाटी पर यात्री गाड़ी रुकी। डॉ. द्रोण भारतीय नीचे

उतरे। फलवाले से पूछा, 'बन्धुवर, महाविद्यालय किधर है?'

फलवाला फल साफ करते हुए बोला, 'आप पोपेसर हैं?'

'जी हाँ।'

'सीधे चले जाइए सर जी,' फलवाले ने हाथ बताते हुए कहा, 'पहले उत्कृष्ट विद्यालय आएगी, उसके आगे महाविद्यालय है।'

'धन्यवाद !' कहकर द्रोण पूर्व दिशा की ओर जाने लगे।

आगे कुछ पेड़ थे। लुभावनी सुगन्ध आ रही थी। वहाँ बन्दरों और कुत्तों में नोकझोक चल रही थी। उन्हें देखा तो गुदगुदी होने लगी।

नगर के आसपास गाँव ही गाँव थे, खेत ही खेत थे, जंगल भी था, पेड़ों की कोई कमी नहीं थी। बन्दरों और कुत्तों की भी कमी नहीं थी। पेड़ों के ऊपर महाउत्पाति बन्दर गुलाटी लगाया करते तो नीचे उन्हें काटने की जुगत में पिछलग्गु कुत्ते दाँत बताया करते। दिन भर नौटंकी चलती रहती। गली कूचों में भागमभाग होती रहती। जब कोई स्फूर्तिदायक बन्दर किसी गड़बड़िया कुत्ते की टांग खींच लेता तो चाऊँ चाऊँ की हास्यास्पद आवाज बहुत देर तक निकलती रहती। बन्दर की झापट पड़ती इस कुत्ते को और प्राण निकल जाते उस कुत्ते के। असुरक्षाबोध होने पर सब दुमदबाकर भागते, ओने कोने में छिप जाते, पूँछ को बहुत देर बाद बाहर निकालते। थोड़ी देर बाद वापस उसी पेड़ के नीचे आ जाते और दाँत बताना शुरू कर देते। कुत्तों से होता जाता कुछ नहीं था पर इस महत्वाकांशा के साथ परेशान हुआ करते कि इस जनम में नहीं तो अगले जनम में ही सही पर एक बार नटखट बन्दरों को काटेंगे अवश्य, तभी जीवन सफल होगा और तभी दाँत बताना बन्द करेंगे।

बन्दरों और कुत्तों की नौटंकी देखकर द्रोण हँस दिए।

नगर में थर्टी फस्ट सबका प्रिय दिवस बन रहा था। बच्चों एवं युवाओं की विद्यानुसेवन बुद्धि को माँस मदिरा पोषित करने लगी थी। इस रात कई कण्डम क्रियाकलाप होते। दारू पीते, चढ़ जाती तो विवाद करते, चिल्लाचोट करते, गुप्त बातों का भाण्डाफोड़ होता। परिणामस्वरूप इसमें सम्मिलित होने वालों की संख्या भेड़ बकरियों की तरह बढ़ती ही जा रही थी। भारतीय कालगणना को भुला दिया और विदेशी कालगणना के चक्कर में पड़ गए। यही दशा वेलेन्टाइन डे की भी थी। यह दिन भी लब्धप्रतिष्ठित बनता जा रहा था। बन्द कमरों से लेकर

नदी नालों तक लड़कियों की जुगत में लड़के पशुओं की भाँति भटकते रहते। प्रेम का एक दिन तय कर दिया था। प्रेम के नाम पर अश्लीलता हो रही थी, दुश्कर्मों को बढ़ावा मिल रहा था, अपराध का अभिवर्द्धन हो रहा था। ये प्रेम नहीं हो सकता, ये कुछ ओर है। प्रेम का एक दिन तय नही कर सकते। प्रेम तो शाश्वत है; आदि से अनन्त तक, शून्य से असंख्य तक और धरती से अन्तरिक्ष तक।

राष्ट्रीय युवा दिवस ऐसा अभागा दिन था, जिनके कार्यक्रम में सम्मिलित होने से लड़के कतराते थे। सम्मानपूर्वक आमंत्रित करने के उपरान्त भी घरघुस्सु बनकर छिप जाते। कोई गुरगुराता 'जाना मत बोर करेंगे।' कोई बिदकता 'मजा नहीं आयेगा, फालतु में झेलनी पड़ेगी।' फलतः लुढ़कते पुढकते मुट्ठीभर लड़के ही हाथ लग पाते। 'हिन्दू जागरण मंच' विश्वनीय संगठन बन चुका था। उसकी नीतियाँ उत्फुल्ल एवं प्रेरणादायी थीं। राष्ट्र एवं नैतिक मूल्यों के लिए व्यक्ति का सर्वांगीण विकास करना उसका ध्येय था। समाज में फैली विकृतियाँ उसे अशान्त कर रही थीं तब बच्चों एवं युवाओं को संस्कारित करने का बीड़ा उठाया।

द्रोण महाविद्यालय की ओर जा रहे थे। उन्होंने देखा विद्यार्थियों की एक टोली पैदल ही महाविद्यालय जा रही है। उन विद्यार्थियों से थोड़ी दूरी बनाकर पीछे पीछे चलने लगे। मोड़ के अन्तिम छोर पर जीर्ण शीर्ण पुलिया के पास कुछ छात्राएँ भी महाविद्यालय जाती हुई दिखीं। छात्रों की टोली के कुछ छात्र दौड़कर छात्राओं के समानान्तर चलने लगे। परिणामस्वरूप दोनों ओर अफरा तफरी मच गई। कुछ छात्राएँ असन्तुलित हो गयीं, वे हर बात पर हाँ हूँ कर देतीं और खूब हँसतीं। आपस में पुस्तकों की झूमा झपटी करने लगीं, एक दूसरे को धक्के मारना, केहूनी से टहोकना इत्यादि क्रियाकलाप प्रमाणित करने लगे की छात्राएँ बहक चुकी हैं।

अवि ने पूछा, 'उस लड़की को पहचानता है तू?'

मानस बोला, 'हाँ।'

'क्या नाम है उसका?'

'रितु।'

'कौन सी कक्षा में पढ़ती है?'

'वो गेन्डी मेरे साथ ही पढ़ती है।'

'कल ज्यादा ही हेकड़ी दिखा रही थी।'

'क्या कह रही थी?'

'मुझे बोले कि तू ज्यादा फकर फकर मत किया कर।'

'तूने कुछ नहीं कहा?'

'मैंने कहा कि वेलेन्टाइन डे पर तो तू मुझे लाइन मार रही थी।'

'वेलेन्टाइन डे ने तो पूरे देश को बिगाड़ के रख दिया।'

'हाँ यार ऐसी उल्टे पुल्टे डे बन्द होने चाहिए।'

द्रोण चुपचाप चलते रहे।

पुलिया के पास झूरमुट था। एक महिला बकरे बकरियों को पत्तियाँ खिला रही थीं। उसके साथ दो किशोरवय लड़के भी थे। कृति ने महिला से पूछा, 'क्यों माताजी?'

'हाँ बेटी।' महिला ने कहा।

'ये बकरी कितना दूध देती है?'

'सुन बेटी।'

'कहो माताजी।'

'ये बकरी नहीं है, बकरा है।'

सभी छात्राएँ ठसके भरके हँसने लगीं।

द्रोण बहुत प्रसन्न थे। आज का दिन उनके लिए आशाएँ और नूतन उल्लास लेकर आया था। उनकी आशाएँ पुनर्जीवित हो उठीं। उन्हें निस्सीम ऊर्जा की अनुभूति हो रही थी। उनके सुन्दर स्वप्न परिपक्व विचारों में परिवर्तित होकर विषम परिस्थितियों से जुझने के लिए एवं रचनात्मक कार्यों में सफलता पाने को उद्धत हो रहे थे। उसकी आत्मा को एक आवाज सुनाई दे रही थी 'भारत को जगाना है।' और वह इस संदेश को सुनकर मंत्रमुग्ध हुए जा रहे थे। वह स्वयं से बात करने लगे कि जब हम ध्येय प्राप्ति के लिए निकलेंगे तो बाधाएँ तो आएँगीं पर उन्हें कुचलते, लांघते, दमन करते हुए आगे बढ़ना है।

मानस ने पूछा, 'एक बात बता?'

अवि बोला, 'हाँ पूछ।'

'फ्रेन्डशीप डे रक्षाबंधन के आसपास ही क्यों आता है?'

'पता नहीं।'

'ये हमारे रक्षाबंधन त्यौहार को बिगाड़ने के लिए बनाया गया है।'

'तब तो मैं फ्रेन्डशीप डे कभी नहीं मनाऊँगा।'

द्रोण ने यह बात सुनी तो अच्छा लगा।

आगे जाकर यह मार्ग एक बड़ी सड़क में विलीन हो जाता है। सड़क के आसपास दुकाने भी हैं और भवन भी। एक भवन के सामने लिखा था बोल्ड इज गोल्ड ब्यूटी पार्लर। इसकी स्थापना वेलेन्टाइन डे के दिन हुई थी, जबकि संचालिका की दादी माँ ने होली के दिन का सुझाव दिया था पर वर्तमान शिक्षा प्रणाली ने इस प्रस्ताव को भारी बहुमतों से निरस्त कर दिया। इस पार्लर ने नैतिक मूल्यों को गिराने और अनैतिक मूल्यों को उठाने में विशिष्ट योगदान दिया। इसके संविधान का विवेचन करें तो यहाँ लड़कियों को बिगाड़ने के एक सौ एक पुष्ट उपक्रम सिखाये जाते हैं अथवा लावण्य के नाम पर विषम्ताजनित छिछोरापन ठूँस दिया जाता है अथवा चरित्र को खूँटी पर टांगकर मर्यादा की धज्जियाँ उड़ाने के सरल उपाय उपलब्ध कराये जाते हैं। इन तीनों अवधारणाओं में जो अभिष्ट लगे, उस पर निधड़क चिन्तन करने से कोई पिता अपनी लाड़ली को इस ब्यूटी पार्लर की कन्दरा में नहीं धकेल सकता। इस संस्थान से प्रशिक्षित नवयौवनाएँ हवा में उड़ती हैं। जब भी कोई निभ्रान्त कुकड़ा इनकी गपडचौथ में पड़ा, वह सब्जी बन गया या गटरों में गोते लगाते रहा या कूड़े कर्कट में बांग देता फिरा और उसके निरीह माता पिता 'मेरा लड़का पागल हो गया' कहकर आजीवन दारूण दुख भोगते रहे।

अवि ने पूछा, 'तू रुचि को पहचानता है?'

मानस ने कहा, 'उस तितली को पूरा कालेज पहचानता है।'

'उसका फोन नम्बर है तेरे पास।'

'नहीं।'

'तो फिर क्या है?'

'उसका रोल नम्बर है मेरे पास।'

'रोल नम्बर को क्या चाटूँगा।'

थोड़ी आगे एक कच्चे घर के ओटले पर एक कुतिया काले कुत्ते को सूँघ रही थी। दो पिल्ले एक चिथड़े को आपस में खींचतान कर रहे थे। वहीं एक फूटा कुठिला पड़ा था, जिसके ऊपर एक जब्बर कुत्ता ऊँची टांग कर रहा था। फिर एक ने भौं दूसरे ने भौं देखते ही देखते सब भौं भौं करने लगे। जब्बर कुत्ता अपनी

रासायनिक निवृति आधी अधूरी छोड़कर द्रोण को काटने दौड़ा। धूल उड़ाते, गुर्राते, दाँत बताते द्रोण के ऊपर दो पैर रख दिए। द्रोण निशब्द खड़े रह गए। यह देख कुत्ते का शौर्य शिथिल पड़ गया। फिर उसने दुम दबाई और कूम कूम करते इधर उधर सूँघता साँघता चलते बना और अपने अधूरे कार्य को पूर्ण करने के लिए टूटी खरपच्चियों को लक्ष्य बनाकर सू सू करने लगा।

श्रेष्ठा ने कृति से पूछा, 'मैंने सुना कल कालेज में झगड़ा हो गया था?'

'हाँ।'

'किसका?'

'अरविन्द का।'

'किससे?'

'प्राचार्य कड़कनाथ से।'

'किस कारण?'

'मिनकी मेडम के कारण।'

'क्यों?'

'अरविन्द ने प्राचार्य कड़कनाथ को बोला कि मिनकी मेडम आपके पास क्यों बैठी रहती है?'

'प्राचार्य ने कुछ नहीं कहा?'

'प्राचार्य ने अरविन्द को आड़े हाथ ले लिया था।'

'फिर?'

'कल अरविन्द आठ दस लड़कों को लाया और प्राचार्य कड़कनाथ को टेढ़े हाथ ले लिया।'

सभी विद्यार्थी महाविद्यालय में प्रवेश करने लगे। विद्यार्थियों के पीछे पीछे द्रोण भी महाविद्यालय में प्रविष्ट हुए।

प्राध्यापक काबर्या पढ़ा रहा था। उसकी एक गन्दी आदत थी, वह यह कि खुजली कर के सूँघना। उसकी दृष्टि द्रोण पर पड़ी। बैठे-बैठे गला फाड़कर चिल्लाया 'ओय ओय।'

द्रोण समझे किसी और को चिल्ला रहे होंगे।

काबर्या का अंहकार बढ़ गया। उसने पीठ में खुजली की और हाथ सूँघा। टेबल को ठोककर चिल्लाया 'ओय नीली शर्ट। बहरा है क्या?'

द्रोण समझ गए। रुक गए।

'कहाँ जा रहा है बदमाश?' काबर्या ने शेखी बघारी। वह ऐसे देखने लगा जैसे कुत्ता हान्डी चाटते समय दूसरे कुत्तों को देखता है।

द्रोण ने मुड़कर देखा।

'देखता क्या है, इधर आ।' वह विद्यार्थियों के सामने झाँकी जमाते हुए बोला।

वे आने लगे।

वह कुर्सी से उठा और पैर पटकते हुए बाहर आया। विकृत आवाज निकाली 'क्यों बे कब से चिल्ला रहा हूँ, सुनता ही नहीं।'

विद्यार्थियों को बाधा हुई फिर भी पढ़ते रहे, जैसे नुकते घाटे में महिलाएँ रोती रहती हैं और मेहमान खाते रहते हैं।

'धीरे-धीरे क्या चलता है, जल्दी आ !' उसने विद्यार्थियों की तरफ देखा और स्वयं को होशियार प्राध्यापक समझा।

द्रोण पास में आ गए।

काबर्या की भाशा शैली इतनी तुच्छ थी कि उसने अपने आप को भृत्यों की गिनती में खड़ा कर दिया था। उसने काँख में खुजली कर के हाथ सूँघा।

द्रोण को घिन हुई।

वह आँखें ततेरकर बोला, 'कौन है तू? यहाँ कैसे घुस आया? क्या नाम है तेरा?'

विद्यार्थी इस दुर्व्यवहार पर कुछ नहीं बोले, क्योंकि अपनी छाछ को कोई खट्टा नहीं कहता।

द्रोण ने शालीनतापूर्वक अपना नाम बताया 'डॉ. द्रोण भारतीय।'

काबर्या की वाणी ढ़िली पड़ गई। सूअर जैसे मुँह बन गया। बोला, 'यहाँ किसलिए आए हो?'

'सहायक प्राध्यापक हूँ। पदभार ग्रहण करने आया हूँ।'

काबर्या की अकड़ छूमन्तर हो गई। मन ही मन पछताने लगा। लज्जित होकर बोला, 'सामने वाले कमरे में चले जाइए, वहाँ बन्टा बाबू को डाक्युमेन्ट्स जमा करवा दीजिए।'

'ठीक है सर।' द्रोण जाने लगे।

'रुक जाइए।' काबर्या ने अपना पुनर्मूल्यांकन कर लिया।

वे रुक गए।

'किसी को मत बताना कि मुझसे बातचीत हुई।' उसने घिघियाते हुए कहा।

'नहीं बताऊँगा सर।' कहकर चले गए।

काबर्या नकटा बनकर देखता रहा। उसकी स्थिति ऐसी हो गई कि घास काटने में नाक काट ली और दातुन करने में आँख फोड़ ली।

बन्टा बाबू पियक्कड़ था। अभी अभी पी थी धीरे धीरे चढ़ रही थी। आवेदनों की जाँच परख कर रहा था। गिने चुने विद्यार्थी ही बचे थे फिर भी उसके घमण्ड का पारा कम होने का नाम ही नहीं ले रहा था। छोटी सी त्रुटि होने पर आवेदन फेंक देता, डाँटता, दुत्कारता। बन्टा बाबू गुरगुराया 'किसका आवेदन है ये?'

'मेरा है।' एक विद्यार्थी बोला।

वह अभद्रवाणी में चिल्लाया 'तेरे बाप के हस्ताक्षर क्यों नहीं करवाएँ?'

'मेरे पिताजी पढ़े लिखे नहीं है।'

बन्टा बाबू ने अशिष्टतापूर्वक कहा, 'तो साले गधे, अँगूठा लगवा लाता।' उसने आवेदन फेंक दिया।

उत्पीड़ित विद्यार्थी कुम्भलाकर चला गया।

द्रोण ने बन्टा बाबू का अभद्र रूप देखा तो स्तब्ध रह गए। काबर्या और बन्टा बाबू एक ही बेल के काचरे दिखे। पैर ठिठक गए। इधर बन्टा बाबू उधर काबर्या। धीरे से अन्दर घुस गए।

'तेरा क्या नाम है?' बन्टा बाबू ने दादागीरी से पूछा।

'डॉ. द्रोण भारतीय।'

'किसलिए आया?'

'पदभार ग्रहण करना है।'

'सहायक प्राध्यापक है?' उसने हीन दृष्टि से देखा और पूछा।

'हाँ।'

'डाक्युमेन्ट बताओ।'

'लीजिए।'

'ला दे।'

बन्टा बाबू के शब्दकोष में आदरसूचक शब्द नहीं थे।

बन्टा बाबू ने ठसक दिखाई। बोला, 'ये क्या है?'

'शपथ पत्र।'

'क्यों लगाया?' बन्टा बाबू भौंका।

'मैंने उपनाम बदल लिया है।'

'क्यों बदला?' फिर भौंका।

'उपनाम में जाति झलकती है इसलिए।' द्रोण ने विनम्रतापूर्वक कहा। वह द्रोण के वाकचातुर्य से भड़का। बोला, 'तुम जाति छिपाना चाहते हो।'

'छिपाना नहीं चाहता पर विश्वास नहीं करता।'

'क्यों?'

'क्योंकि जातिवाद ने हमारे देश को गड्ढे में डाला है।' द्रोण बोले।

द्रोण सकारात्मक वार्तालाप करना चाहते थे। बन्टा बाबू में सकारात्मक दृष्टिकोण नहीं था।

'जातियों ने हमारे बीच भित्तियाँ खड़ी कर दी हैं।' द्रोण फिर बोले।

उसे द्रोण के मुँह से विचिन्त्यमान बातें अच्छी नहीं लगीं। उसने विचार धाराविहीन बात कही 'तुम कहना क्या चाहता हो?'

'मैं कहना चाहता हूँ कि न तो किसी से जाति पूछो और न अपनी जाति बताओ।'

'ऐसा क्यों?' उसने गुणवत्ताविहीन प्रश्न पूछा।

'जाति मिटाने का यही सही उपाय है।'

बात तो स्तुतिवादक थी, अन्तर्चेतना जगाने वाली किन्तु बन्टा बाबू ने समर्थन नहीं किया। वह इस प्रकार की रचनात्मक बातें द्रोण के मुँह से सुनना नहीं चाहता था। यह बात उसके पद के विरुद्ध जान पड़ी। वह चाहता था कि द्रोण उसके पैरों तले दबे रहे, नाक रगड़ते रहे, तलवे चाटते रहे। वह उनको अपने समतुल्य देखना नहीं चाहता था। उसने छिछोरापन दिखाया 'ये शपथ पत्र यहाँ नहीं चलेगा।'

'न्यायालय से बनवाया है।'

कानी भैंस मार्ग छोड़कर चलती है, बन्टा बाबू भी वैसे ही चलने लगा। बोला, 'न्यायालय से बनवा लो या जेल थाने से बनवा लो, नहीं चलेगा।'

'क्यों नहीं चलेगा?' द्रोण ने पूछा।

अब बन्टा बाबू ने अपना दिमाग निकालकर आले में रख दिया। उसने अपनी मूढ़ता का परिचय दिया। बोला, 'मैं विधायक का व्यक्ति हूँ। तुम मुझे नहीं जानते। ज्यादा ज्ञान मत बाँटो। जाओ प्रेन्सिपल से बात करो।'

द्रोण चुप रह गए। क्या बोलूँ क्या न बोलूँ। बोलूँ तो भी डायन न बोलूँ तो भी डायन। वे प्राचार्य के पास जाने लगे। सोचने लगे कि इस महाविद्यालय में बाबू पर नियंत्रण नहीं है, तभी तो इतने निरंकुश हैं।

आवारा पशु का कोई ग्वाला नहीं होता।

द्रोण वापस उसी कक्षा के सामने से निकले, जहाँ काबर्या पढ़ा रहा था। वह पढ़ा के जा चुका था। विद्यार्थियों ने द्रोण को देखा तो ऐसे बाहर निकले जैसे ऊँट को देखकर बच्चे बाहर निकल आते हैं। उन्होंने काबर्या का अनुकरण किया। पहला विद्यार्थी चिल्लाया 'ओय ओय।'

'ओय नीली, शर्ट बहरा है क्या !' दूसरा विद्यार्थी चिल्लाया।

'कहाँ जा रहा है बदमाश?' तीसरा विद्यार्थी चिल्लाया।

'देखता क्या है, इधर आ।' चैथा विद्यार्थी बोला।

'क्यों बे कब से चिल्ला रहा हूँ , सुनता ही नहीं।' पाँचवा बोला।

'धीरे-धीरे क्या चलता है, जल्दी आ।' छठवाँ बोला।

द्रोण ने पलटकर देखा। कुछ नहीं कहा। समझ गए अनुकरण है। जैसे गुरु वैसे चेले। विद्यार्थी ठिलठिलाकर हँसते रहे।

विद्यार्थी केवल व्याख्यानों से ही शिक्षा ग्रहण नहीं करते अपितु प्राध्यापकों के आव भाव, चलने फिरने, उठने बैठने, बोलने सुनने, देखने परखने से भी सीखते हैं। व्यवहार सिखाने का कोई पाठ्यक्रम नहीं होता। चरित्र निर्माण की कोई उपाधि नहीं होती। व्यवहार और चरित्र तो अनुकरण से ग्रहण किए जाते हैं। विद्यार्थियों ने काबर्या के दुर्व्यवहार को ग्रहण किया, इसमें उनकी कोई गलती नहीं, गलती तो काबर्या की थी, जिसने विद्यार्थियों के सामने ऐसा कृत्य किया।

द्रोण प्राचार्य कक्ष के पास आ गए।

प्राचार्य कक्ष में दो के अलावा तीसरा कोई भी नहीं था। प्राचार्य कड़कनाथ और मिनकी मेडम। दोनों जीव विज्ञान पर विशेष चर्चा कर रहे थे। ऐसी चर्चा दो के बीच ही शोभा देती है। उन्हें विज्ञान की दो शाखाएँ प्रिय हैं, पहली जन्तु विज्ञान और दूसरी पशु विज्ञान। जन्तु विज्ञान पर मन्थन इतनी गम्भीरता से करते

हैं कि स्वयं जन्तु बन जाते हैं, जन्तुओं में विशेष रूप से गन्दी नाली के कीड़े। पशु विज्ञान पर भी इतनी ही तन्मयता से विमर्श होता है कि दोनों पशु बन जाते हैं, पशुओं में विशेष रूप से कुत्ते। वैसे प्राचार्य कड़कनाथ और मिनकी मेडम में से किसी का भी जीव विज्ञान विषय नहीं है फिर भी जीवों की उत्पति के सिद्धान्तों की चर्चाएँ करते रहते। क्या पता प्रयोगिक भी करते हों।

झामरा चपरासी पहरा दे रहा था। नंगे के घर पुंगे का पहरा।

द्रोण ने झामरा की भाव भंगिमा से अनुमान लगा लिया सियार से अधिक लोमड़ी चतुर है। वह कड़कनाथ की सेवा में सतर्क बैठा था। झामरा पीछली बार जैसी गलती अब नहीं होने देगा, क्योंकि फसल खाये गधे और मार खाता कुम्हार।

झामरा चपरासी की अलग ही लीला थी। विद्यार्थी उसे काका बोलते तो वह चिढ़ जाता। उसका कहना है कि मुझे सर बोला करो। जो सर बोलेगा उसे बीड़ी पिलाऊँगा और जो काका बोलेगा उसे बाबाजी का ठेंगा भी नहीं दूँ।

द्रोण ने अन्दर जाने की अनुमति माँगी। झामरा अनुमति देने से पहले खासा खखारा फिर पर्दा उठाया।

वे अन्दर गए। मिनकी मेडम दूर बैठ गई। प्रणाम किया। सारा घटनाक्रम बताया। कड़कनाथ ने बन्टा बाबू को बुलाया। बन्टा बाबू आया। प्राचार्य ने पूछा, 'आपने इनके डाक्युमेन्ट जमा क्यों नहीं किए?'

बन्टा बाबू बोला, 'इन्होंने उपनाम बदलवा रखा है।'

'शपथ पत्र लगा रखा है न।' कड़कनाथ ने कहा।

'जी।'

'न्यायालय से बना है न।'

'जी।'

'तो जमा करो। पदभार ग्रहण करवाओ।' उसे आदेश दिया।

'जी जी।'

'मैं जीजी नहीं हूँ' कड़कनाथ ने बन्टा बाबू पर कटाक्ष किया, 'मैं जीजा हूँ।

मिनकी मेडम लजा गई। द्रोण मद्धिम मुस्कराएँ।

बन्टा बाबू खेखड़ी की भाँति खे खे कर के हँसा पर उसे अन्दर का अन्दर दुख हुआ। लोमड़ी का दुख थोड़ी देर का। उसने द्रोण के पत्रक जमा कर पदभार

ग्रहण करवा दिया। उसकी अकड़ निकल गई। आँख उठाकर भी नहीं देखा।

झामरा चपरासी फिर से पहरा देने लगा। अन्धे के घर बहरे का पहरा।

द्रोण महाविद्यालय से बाहर निकल आए। आज पदभार ग्रहण कर लिया, कल से नियमित आना शुरू करूँगा। वापस नगर पालिका वाली चैपाटी की ओर आने लगे। मार्ग में काबर्या और बन्टा बाबू को स्मरण कर मन ही मन मुस्करा दिए कि पटेल की पटलाई गई, पटलन का गया इतराना।

दो

सुंटील ने आत्याधुनिक धोती पहन रखी थी। अत्याधुनिक इसलिए कि उसमें हुक, चेन, पट्टा और जेब भी थे। वह आधी धोती और आधा पेन्ट था। टिमटाम से सूअर के थुथड़े जैसी मुखमुद्रा बनाकर गुणवत्ताविहीन विचारों को लेकर वैसे ही आगे बढ़ने लगा जैसे कोई ग्वाला आगकाड़ी के खाली खोखे में बिच्छू रखकर आगे बढ़ता है। उसका शरीरावरण काला किन्तु गालों पर क्रिम, होठों पर फिल्मी गीत तथा सिर के लटालूम बाल उसके दुर्बोध चरित्र का चित्रांकन कर रहे थे। ऊपर कुर्ता जिसके अन्दर टिशर्ट, नीचे धोती जिसके अन्दर जिंस फसाकर उत्तरोतार चले जा रहा था।

वह अदर्शनीय दशा बनाकर बेढंगा ही चल रहा था। उस गुरुघंटाल के बाएँ हाथ में बाल्टी और दाहिने हाथ में डोलची लटक रही थी। डोलची में तेल और तेल में आकण्ठ लसलस करती शनिदेव की प्रतिमा विराजमान थी। वास्तव में वह अभिसिक्त प्रतिमा न शनि देव की थी और न रवि देव की, क्योंकि ग्रहों का आकार मनुष्य जैसा नहीं है, इसलिए वह कपोलकल्पित मानव प्रतिमा थी, जिसे सब और स्वयं सुंटील भी आदर से शनि देव कह रहा था।

सुंटील जिप्सी के पास से गुज़रता हुआ किराणा दुकान से चिपकी बायीं ओर की सरीसृप जैसी गली में घुस गया।

दुकान पर चार पाँच ग्राहक खड़े थे। वह उस मोहल्ले की इकलोती लाड़ली दुकान थी। एक ग्राहक ने कहा, 'चाय दे दो।'

दुकानदार मजाकी था। उसने व्यग्योक्ति की 'कट दूँ की फूल।'

ग्राहक लजाते हुए बोला, 'अरे चाय की पत्ति दे दो।'

दुकानदार वैकल्पिक वाक्य बोला, 'एक पत्ति दूँ या दो पत्ति दूँ।'

ग्राहक हँस दिए।

ग्राहक ने हि हि करते कहा, 'चाय का पुड़ा दे दो।'

'ऐसे बोलो ना बेटा। ये लो चाय का पुड़ा।'

अब दूसरे ग्राहक ने सामान माँगा 'एक किलो गुड़ दे दो।'

'और?'

'चाय का पुड़ा।'

'और?'

'टोस की एक थैली।'

'और?'

'दूध का पाऊच।'

'और?'

'बस।'

'बस हमारे यहाँ नहीं मिलती। बस चाहिए तो बस स्टेण्ड जाना पड़ेगा।'

फिर जोर के ठहाके गूंजे।

सुंटील छोटी गली से गुज़रते हुए बड़ी गली में घुसा। उस मोहल्ले में जाकर उस ठनठन गोपाल ने क्रम से तेल माँगना चालू किया। जब कोई कम तेल चढ़ाता तब उसकी विकलांग भावनाएँ भ्रष्ट होने लगतीं। वह कुंठित होकर चड़चड़ करने लगता। थोड़ी सी देर में अन्तः करण से गन्दी गालियाँ टपटप टपकने लगतीं। ऐसे संवेदनशील समय में उसके मुखमण्डल को क्रोध विभूषित करने लगता। जब कोई अधिक तेल डाल देता तब अन्तर्निहित प्रकाश एकदम से बढ़ जाता, मुरझाया मुख उत्कण्ठित होकर झकाझक फकाफख जगमगाने लगता। फिर वह मेढ़क की भाँति टर्राते हुए आशीर्वाद देता। कुछ परिवार ऐसे भी थे, जो निधड़क टरका देते, तब उसके विचारों की विशाक्त मलिनता मुँह से टपक जाती तो वह बुदबुदाता 'तुम्हें तो नरक मिलेगा नरक। देवता को तेल तक नहीं देते। देवता तुमसे दाल चावल, मिर्च मसाला, पैसा टका तो माँगते नहीं, थोड़ा सा तेल चाहते हैं, वह देते भी लकवा मार जाता है। नरक में सड़ोगे तब सारा तेल निकल जायेगा।'

उसने पहले जो तेल माँगा था, उसे दूसरे हाथ में लटकती बाल्टी में उढेल दिया। आठ दस घर तेल माँगा होगा और प्रतिमा की एड़ी से चोटी तक तेल चिपचिप करने लगा। उसने फिर से बाल्टी में तेल उढेल दिया। वह जिस घर के सामने जाता 'शनि महाराज की जय' बोलता। जयकारा सुनकर कोई न कोई आता प्रतिमा पर कसोरे से या करछुल से या केतली से तेल चढ़ाकर चला जाता। किसी किसी को समझाता कि शनिदेव की शान्ति के लिए तेल चढ़ाना चाहिए। तेल चढ़ाने से शनिदेव रुष्ठ नहीं होते, यदि रुष्ठ हैं तो ठीक हो जाते हैं।

अब वह एक रंग बिरंगे घर के सामने आया। रंग ही नहीं उस घर की

बनावट भी आकर्षित कर रही थी। वह उस मोहल्ले का नेत्रोत्सव घर लग रहा था। अन्दर से एक तरुणी सकुचाती हुई तेल चढ़ाने आई। सुंटील ने डोलची आगे कर दी और उसके लावण्य को घूरघूरकर देखने लगा। उन्नत उरोजों का निरीक्षण करती हुई दृष्टि नीचे फिसलकर बिम्ब बनाने लगी। तरुणी इस दुराचरण प्राणी की कामुक भावनाओं को भाप गई। उसने शीघ्रताशीघ्र कुप्पी से तेल खाली किया और सिर नीचा किये सरपट अन्दर जाने लगी। इस कुत्सित व्यक्ति ने उस सुनितंबिनी को यूँ देखा ज्यों अहेरी किसी आखेट को देखता हो। अन्त में इस अनादरणीय ने दो पँक्तियों का आशीर्वाद दिया। पहली पँक्ति जोर से बोला, 'भगवान तेरी माया रहे' दूसरी पँक्ति एकदम धीमे कही 'ऐसी ही गोलमटोल काया रहे।'

तरुणी के पिता को बहुत गुस्सा आया। वह छिपकर इसकी दुर्वासना देख रहा था।

सुंटील अगले घर गया। पीले रंग के इस घर का मुख्यद्वार जालीदार था, जिसके आजु बाजु की खिड़कियाँ भी जाली की थी। खिड़की के पास लटकते पिंजरे में एक तोता झूला झूल रहा था। देखते ही तुतलाकर बोला, 'मिर्ची आ गई मिर्ची।'

सुंटील जोर से बोला, 'शनि महाराज की जय हो।'

तोते ने फुदकते हुए अनुकरण किया, 'मिर्ची महाराज की जय हो।'

सुंटील नृकुक्कुट की भाँति उत्तेजित हो उठा। गीदड़ भभकी दी 'आबे चुप तोते। शनि महाराज को ऐसा बोलता है। जरा अपनी जुबान को लगाम दे।'

धुतकार से तोता चुप नहीं हुआ। पिंजरे से चोंच निकालकर बोला, 'आबे चुप मिर्ची। मिर्ची महाराज को ऐसा बोलता है। जरा अपनी जुबान को मिर्ची दे।'

तोते के अनुकरणात्मक वाक्य सुन सुंटील झेंप गया।

दालान में छोटे मोढ़े पर बैठकर एक अधेड़ अल्पाहार कर रहा था। वह बाहर निकला। उसे देखते ही सुंटील पुनः बोला, 'शनि महाराज की जय हो।'

तोता पंख फड़फड़ाकर बोला, 'मिर्ची महाराज की जय हो।' अधेड़ हँसता हुआ अन्दर गया। एक कठौती तेल लाया। तेल चढ़ा दिया। फिर नूनताई दिखाते बोला, 'हमारे यहाँ बरकत नहीं रहती महाराज। जितना पैसा कमाओ उससे ज्यादा तो खर्च हो जाता है।'

अनुकर्ता तोते ने वाक्य पकड लिया। उछलकर बोला, 'हमारे यहाँ मिर्ची नहीं रहती महाराज। जितनी मिर्ची कमाओ उससे ज्यादा तो खर्च हो जाती है।'

तोते के वाक्य सुन अधेड़ को उतनी ही प्रसन्नता हो रही थी, जितनी किसी पिता को अपने नन्हें बालक की तुतलाती बोली सुनकर होती है।

सुंटील संकटमोचन बनकर बोला, 'अभी रास्ता बताता हूँ। बरकत ही बरकत रहेगी। एक कठौती तेल और डालो फिर उपाय बताऊँगा।'

तोता फड़फड़ाकर कहने लगा, 'अभी मिर्ची बताता हूँ। मिर्ची ही मिर्ची रहेगी। एक कठौती मिर्ची और डालो फिर मिर्ची बताऊँगा।'

अधेड़ अन्दर जाकर फिर एक कठौती तेल लाया। डोलची में अध्यारूढ़ प्रतिमा को अभिसिक्त किया।

उस घर के सदस्यों में से एक युवक, एक किशोरी और दो बच्चे भी बाहर निकल आए।

सुंटील ने एक नाड़ा निकाला। नाड़े में सात गठानें लगाईं। फिर उसे मुँह के पास ले जाकर मन्त्र पढ़ा या केवल बुदबुदाया, कुछ सुनाई नहीं दिया, कुछ समझ नहीं पड़ा, पर होठ अवश्य हिले। नाड़ा देते हुए उध्दारक की तरह बोला, 'ये लो नाड़ा। घर में कहीं भी बाँध देना।'

तोता बोला, 'ये लो मिर्ची। घर मे कहीं भी बाँध देना।'

युवक, किशोरी के साथ बच्चे भी हँसे।

सुंटील ने भष्मासुर की भाँति देखा। फिर अगरबत्ती की राख देकर अधिसूचना जारी की 'ये लो भभूत। तुमने भी खाना परिवार को भी खिलाना।'

विडम्बक तोते ने आँखें पटपटाई। गोल घूमते हुए कहने लगा, 'ये लो मिर्ची। तुमने भी खाना परिवार को भी खिलाना।'

युवक और किशोरी ने हँसी दबा ली। बच्चों से नहीं दबी।

सुंटील का दिमाग घूम रहा था। मन ही मन तोते को कई गालियाँ दीं। आगामी तेल बजट को आरक्षित करने के लिए उसने उपाय बताया 'हर शनिवार एक पाव तेल शनि महाराज को चढ़ाना। लगातार ग्यारह शनिवार तेल चढ़ाने से बरकत ही बरकत रहेगी।'

तोते को तो मजा आ रहा था। दो तीन बार टांय टांय करते हुए बोला, 'हर शनिवार एक पाव मिर्ची मिर्ची महाराज को चढ़ाना। लगातार ग्यारह शनिवार

मिर्ची चढ़ाने से मिर्ची ही मिर्ची रहेगी ।'

अब बच्चों के साथ अधेड़ भी हँसा।

सुंटील नहीं हँसा। उसे तो क्रोध आ रहा था। जाते जाते फिर बोला, 'शनि महाराज की जय हो।'

लाड़लड़ैता तोता बोला, 'मिर्ची महाराज की जय हो।'

बच्चे हँस हँस के लोटपोट हो गए।

तोते ने अन्तिम संवाद बोला, 'मिर्ची चली गई।'

सुंटील खड़ा रहा गया। सोचने लगा किधर जाऊँ। दाहिनी ओर टूटे खोंमचे पड़े थे, उससे थोड़ी आगे छोटी नाली थी, नाली के आगे झाड़ू बनाने वालों का मोहल्ला था। नाली पार करके सुंटील झाड़ू बनाने वालों के मोहल्ला में घुस गया। उसने देखा सामने से घुँघरू बाल वाला दूसरा शनि महाराज वाला आ रहा है। वह अंटुराग था। उसने जिंस टिशर्ट पहन रखी थी। दोनों की भेंट कचरा पेटी के पास हुई। सुंटील ने कहा, 'इधर से तो मैं ले आया हूँ।

अंटुराग बोला, 'उधर से मैं ले आया हूँ।

सुंटील ने मच्छर मारा। पूछा, 'धंधा कैसे चल रहा है?'

अंटुराग ने कहा, 'पिछले महीने पाँच हजार का तेल बेचा और क्या लो।'

सुंटील ने फिर मच्छर मारा। बोला, 'मैंने छः हजार का बेचा और क्या भगवान से मिलो।'

'तू तेल कहाँ बेचता है?'

'गोरधन सेठ के यहाँ। और तू?'

'बोन्दर सेठ के यहाँ।'

'हर शनिवार तेल माँगते रहो तो पैसा का पैसा मिलेगा और सम्मान भी मिलेगा।'

अंटुराग चिंतन प्रधान वाला मानव लग रहा था। कोई उसके चिन्तन में सम्मिलित हो जाए तो अच्छे से अच्छा उसके साथ तेल माँगने लग जाए। शनिवार का तेल ढ़ेर सारी आवश्यकताओं की आपूर्ति में सहायक हुआ है तो अन्य दिनों का तेल धनाढ्य बना दे। उसने चिन्तन प्रस्तुत किया, 'शनिवार ही क्यों, पूरे सप्ताह माँगना चाहिए। शनि ग्रह की तरह दूसरे ग्रह भी तो हैं।'

'मतलब दूसरे ग्रहों के नाम से भी तेल माँगना चाहिए।'

'हाँ, नहीं तो क्या। रवि देव, सोम देव, मंगल देव, बुध देव, गुरु देव, शुक्र देव, सबके नाम पर माँगने की परम्परा लागू करनी चाहिए।'

'बात में दम तो है।'

'हर ग्रह का अलग तेल भी निर्धारित कर देना चाहिए।'

'कैसे?'

'जैसे कि शनिवार को मूंगफली का तेल माँगो, रविवार को सरसों का तेल माँगो, सोमवार को सोयाबिन का तेल ऐठ लो, मंगलवार को नारियल तेल हड़प लो, बुधवार को मिट्टी का तेल, गुरुवार को डिजल और शुक्रवार को पेट्रोल माँगकर सुख, शान्ति और समृद्धि का जीवन यापन करो।'

सुंटील विस्मय विमुग्ध हो गया। कहने लगा, 'ये आइडिया है या दार्शनिक सोच।'

'कुछ भी समझ ले।'

'इस विषय में और कुछ सोचा है?'

'हाँ।' अंटुराग ने ज्ञानी की भाँति हामी भरी।

'तो बता?'

'सब ग्रहों की अलग अलग धाराएँ तय कर दो।' अंटुराग ने अपनी दार्शनिक विचारधारा का अगला पृष्ठ खोला।

'कैसे?'

'जैसे शनि की साढ़े साती तो रवि की साढ़े आठी, सोम की साढ़े नवमी, मंगल की साढ़े दसमी, बुध की साढ़े ग्यारवीं, गुरु की साढ़े बारहवीं, और शुक्र की साढ़े तेरहवीं।'

'वाह भाई सोच में दम है।'

'किसी पे साढ़े साती ठोको, तो किसी पे साढ़े आठी, तो किसी पे साढ़े नवमी...। डरपोक लोग तेल से बाल्टी भर देंगे।'

सुंटील बहुत प्रभावित हुआ। उसने सुझाव दिया 'तू तेल माँगते समय जिंस मत पहनाकर। मेरे जैसी नकली धोती ले आ।'

'धोती पहनने में सरम आती है यार।' उसने अपनी समस्या बताई।

'धन्धे में सरम काहे की। सरम करेगा तो करम फूटेगा।'

फिर दोनों जिधर से आए थे, उधर वापस जाने लगे।

अंटुराग पश्चिम की ओर जाने लगा। वह ऐसे मोहल्ले में पहुँचा जहाँ उसकी पूछ परख होने लगी। वहाँ उसका निवास स्थान था। वह चैकोर घर में घुसा। थोड़ी देर बाद बाहर निकला। तेल खाली करने आया था। अब वह अविलम्ब जाने लगा, क्योंकि उधर एक बस्ती शेष थी, जहाँ उसके भक्त थे, जो प्रति शनिवार तेल देते थे। उबड़ खाबड़ मार्ग से एक अधेड़ आ रहा था। वह घूमंतु भी शनि महाराज वाला था। वह जोर से चिल्लाया 'शनि महाराज की जय हो। इतनी जल्दी भी क्या है? रुको, कुछ जानकारी दूँगा।

अंटुराग रुक गया।

अधेड़ दमा का रोगी था। उसका दम फूल गया था, पास आकर हाफते हुए पूछा, 'तू चिलम दा का छोरा है न?'

'हाँ।' अंटुराग ने सहर्षित उत्तर दिया।

'देख मैंने सही पहचाना।'

दोनों खड़े होकर वार्तालाप करने लगे।

'तेरा बाप पिछले बरस ही तो निपटा।' अधेड़ ने कहा।

'हाँ।'

'मैं भी जिमने आया था।'

'कैसा रहा नुक्ता घाटा?'

'ऐसा तो किसी ने नहीं किया। लोग आज भी गुणगान करते हैं। सब कहते हैं की रसोई ऐसी होनी चाहिए।'

अधेड़ ने कुर्ते के जेब से छोटी ढोलक निकाली। वह ढोलक नहीं थी छोटी डिबिया थी। उसके दोनों ओर ढक्कन लगे थे। एक ढक्कन खोला, तम्बाकू निकालकर बाईं हथेली पर रख ली, दूसरा ढक्कन खोला, चूना निकालकर तम्बाकू पर लगा दिया। फिर दाहिने हाथ की उँगली से मसलने लगा। मसलते मसलते प्रश्न उपजाया 'तुझे कुछ पता चला?'

'नहीं तो?'

'अपने यहाँ बहुत बड़ा शनि मंदिर बनने वाला है।'

अंटुराग को सुखानुभूति हुई। बोला, 'यह तो शुभ संदेश है।'

अधेड़ को दुखानुभूति हुई। बोला, 'यह शुभ संदेश नहीं दुख संदेश है।'

'कैसे?'

‘भक्त लोग तेल चढ़ाने मन्दिर जाने लगेंगे तो फिर हमको तेल कौन देगा।’

अंटुराग ने समर्थन किया, ‘कोई भी नहीं देगा। बात में दम है दादा।’

‘मैं सही कह रहा हूँ या गलत?’

‘सही।’

अधेड़ ने तम्बाकू मुँह में डाली। रहस्यात्मक ढंग से बोला, ‘सुन, अपने यहाँ जो शनि मंदिर बन रहा है, हम उसका विरोध करेंगे।’

‘हाँ दादा।’

‘क्योंकि ऐसे में तो अपन भूखे मर जाएँगे।’

‘सही कहते हो दादा।’

अधेड़ एकदम निकट आया। इधर उधर देखा कोई सुन न ले। कान के पास मुँह ले जाकर बोला, ‘अपने दोनों के बीच की बात है, किसी से कहना मत।’

‘नहीं कहूँगा।’

‘अपन मिलजुल के एक मंदिर बना लें तो घर घर भटकने का काम ही नहीं पड़ेगा।’

‘सही कहते हो दादा, पर मेरे मन में एक जिज्ञासा है।’

‘बोल।’

अंटुराग ने अपने दर्शनशास्त्र का पृष्ठ खोला। पूछा, ‘लोगों ने शनि देव के मन्दिर तो बहुत बनाएँ, लेकिन रवि देव, सोम देव, मंगल देव, बुध देव, गुरु देव, और शुक्र देव के मन्दिर क्यों नहीं बनाएँ?’

अधेड़ चुप रह गया। कुछ नहीं बोला। केवल पिचिक पिचिक थूँका।

‘चलो छोड़ो। मेरा अगला प्रश्न है कि धरती भी एक ग्रह है, उसके नाम से भी कोई मन्दिर क्यों नहीं बनाया?’

तर्क में दम था। अधेड़ को सोचने पर व्याकुल कर दिया।

‘जिस धरती पर हम रहते हैं, उसकी कोई भक्ति नहीं?’

अधेड़ सोचता रहा।

‘ये धरती तो हमें सबकुछ देती है। खाने को अन्न, पीने को जल, पहनने को कपड़े, रहने को घर और जिने के लिए प्राणवायु।’

अधेड़ सिर में खुजली करने लगा। बोला, ‘धरती की भक्ति तो दूर, उसे तो नष्ट करने पर तुले हैं।’

'सारे पेड़ काट डाले।'

अधेड़ ने बात आगे बढ़ाई 'रासायनिक खाद डालकर माटी को बंजर बना रहे हैं।'

'नदियों के किनारों पर कारखाने बना लिए। कारखानों के विषैले पदार्थ पानी को प्रदूषित कर रहे हैं।'

दोनों की सकारात्मक बातों में तेजी आ गई।

'मोटर गाडियों का धुँआ हवा में जहर घोल रहा है। रासायनिक खादों के उपयोग से अनाज में भी विष आ रहा है।'

'मुझे एक बात विचित्र लगती है कि ग्रह हमारे यहाँ से करोड़ों किलोमीटर दूर है उसकी भक्ति की जा रही है मगर हम जिस धरती नाम के ग्रह पर रहते हैं, उसकी कोई भक्ति नहीं करता।'

'तो फिर धरती की भक्ति होनी चाहिए।'

'पेड़ लगाएँ, पोलिथिनों का उपयोग नहीं करें, रासायनिक खादों का उपयोग बन्द कर दें, खेतों में गाय के गोबर का खाद डालें।'

'पर इतनी बड़ी धरती पर कैसे कर सकते हैं।'

'सब अपने अपने देश में करें। अपन अपने भारत में करें।'

'हाँ।'

'भारत की भक्ति करें।'

'सही।'

'भारत माता का मन्दिर बनना चाहिए।'

'इससे क्या होगा?'

'मन्दिर में देश के प्रति भक्ति जगाई जाए। देश के दुश्मनों से लड़ने का प्रशिक्षण दिया जाए। देश भक्ति गीत गाए जाएँ।'

अधेड़ उत्साहित हो उठा। बात को विराम देने के लिए उपसंहार में कहा, 'इस विषय में बैठकर बाँत करेंगे। अब मैं चलता हूँ। आज रात तेरे घर आऊँगा, तू कहीं जाएगा तो नहीं?'

'कहीं नहीं जाऊँगा घर पर ही मिलूँगा।'

दोनों चले गए।

उधर सुंटील नई बस्ती की ओर जा रहा था। उसी रास्ते से द्रोण महाविद्यालय

जा रहे थे। उनकी नियुक्ति के दो महीने हो चुके थे। वह सुंटील को पहचान गए। उन्हें आश्चर्य हुआ ये तेल भी माँगता है ! शायद आज पढ़ने नहीं आएगा, तेल माँगेगा। आज थोड़ी देर से महाविद्यालय जाऊँगा, अभी इसका पीछा करता हूँ, ये कैसे तेल माँगता है, फिर इस प्रकरण पर कुछ लिखूँगा। वे उसके पीछे चल दिए।

सुंटील पढ़ाई के साथ साथ शनिवार को तेल भी माँग लेता है। यह उसका पैतृक काम है। उसके दादा भी माँगते थे, पिता ने भी माँगा, अब सुंटील माँगने लगा। उसका बड़ा भाई अंटिल भी तेल माँगता है। वह आसपास के गाँवों में जाता है।

सुंटील ने निश्चय कर रखा है यदि नौकरी नहीं लगी तो अपनी उक्तिचातुर्य से इस कार्य को विस्तार प्रदान करेगा। वाकचातुर्य दिखाकर तेल का अबाधित दोहन कर बड़ा व्यक्ति बना जा सकता है।

सुंटील आगे आगे द्रोण उसके पीछे पीछे।

दाहिनी ओर की गली से जो मद्धिम आवाज आ रही थी वह अब स्पष्ट सुनाई देने लगी थी 'अनार हैं, सेवफल हैं, केले हैं, नारियल पानी है।' फलवाले की आवाज थी।

आगे एक छोटी पुलिया थी। रेलिंग टूट गई थी। सिमेण्ट उखड़ गई थी। सरिये तिरछे हो गए थे और गिट्टी दिख रही थी। एक ओर पूरी तरह खड्डे में रूपान्तरित हो चुकी थी तथा दूसरी ओर दो तीन गड्डे लुढ़कने के लिए आमंत्रित कर रहे थे। पुलिया मरणासन्न थी।

दाहिनी ओर की गली से निकलकर फल वाला पुलिया तरफ ठेला ठेलते आने लगा। पुलिया के पास पुनः चिल्लाया 'अनार है, सेवफल है, केले हैं, नारियल पानी हैं।' वह जर्जर पुलिया से आशंकित मन से ठेलागाड़ी निकालने लगा। तभी सन्तुलन बिगड़ा और ठेला अधलेटा सा गिर गया। फल उछलकूद करते नाले में लुढक गए। फलवाला भौचक्का रह गया। तभी खिड़की से महिला की आवाज आई 'सेवफल वाले इधर आओ सेवफल चाहिए।'

इसी तरह की पतली तिकोनी वाणी छत से भी टपकी 'फलवाले इधर अनार देते जाना।'

चौखण्ड ओटले से एक मोटे ने भोपू बजाया 'आगे आओ भाई नारियल पानी पीला दो।'

फलवाले का तो दिमाग खराब हो गया था। क्या खाक फल बेचे बापड़ा। सबको एक लाठी से हाकते हुए दुरदराकर उत्तर दिया 'अनार नहीं हैं, सेवफल नहीं हैं, केले नहीं हैं, नारियल पानी नहीं हैं।'

सुंटील पुलिया पार कर गया था। द्रोण पुलिया के इस पार ही थे।

अब बायीं ओर की गली से अटाले कबाड़े वाला जीर्ण शीर्ण पुलिया की ओर ठेला ठेलते आने लगा। वह एक विचित्र लय में बोल रहा था। ऐसा लग रहा था फुँकनी से शब्द निकल रहे हैं। वह अल्लाया 'ये अटाले कबाड़े वाले, जुना पुराना भंगार वाले, रद्दी पेपर कापी किताब वाले, लोहा पतरा लाईलोन वाले।'

फलवाले ने ठेले को पुलिया से थोड़ी आगे खड़ाकर आर्द्र आँखों से नाले में झाँककर फलों की दुर्दशा पर मन ही रुदन करने लगा। जो फल पुलिया पर ही पड़े रहे उन्हें उठा लिया।

अटाले कबाड़े वाला भग्न पुलिया के निकट आ गया। वह पुनः चिल्लाया 'ये अटाले कबाड़े वाले, जुना पुराना भंगार वाले, रद्दी पेपर कापी किताब वाले, लोहा पतरा लाईलोन वाले।'

ठेला खचाखच भरा था। कुछ वस्तुएँ असाध्य थीं इसलिए उन्हें बेचा था। लाईलोन की झाड़ू के उखड़े बालों का केश प्रत्यारोपण नहीं हो सकता था, कंगे के टूटे दाँत नये नहीं आ सकते थे और कुर्सी की नकली टांगे नहीं बैठ सकती थीं। कुछ सुसाध्य वस्तुएँ व्यर्थ बेची गयीं, जबकि उनको ठीक किया जा सकता था। माईक की कमर, रेडियो का मुँह, पंखे का सिर और टार्च की आँखें दूकान पर दवादारू से अच्छी हो सकती थीं। कुकर में वात, स्टोण्ह में कफ और मिक्सर में पित्त की शिकायत थी। उन्हें भी ठीक करवाया जा सकता था।

फलवाले ने सतर्क किया, 'भंगार वाले भाई इधर से मत निकलो गड्ढे ही गड्ढे हैं।'

'मैं पहले भी यहाँ से कई बार निकल चुका हूँ। मुझे तो निकलने की आदत है। सम्भल के निकलो तो कुछ नहीं होता।' अटाले कबाड़े वाले ने कहा और निश्चित होकर निकलने लगा।

फलवाला शंका अशंका से देखने लगा।

भंगारवाला ठेला ठेलते ठेलते चिल्लाने लगा, 'ये अटाले कबाड़े वाले...।'

फलवाले ने टोका 'अरे भाई पहले ठेला निकाल ले उसके बाद बोलना।'

उसके साथ भी वही हुआ जो फल वाले के साथ हुआ। ठेला चारों कोने चित्त हो गया। जोर से भड़भड़ आवाज हुई। जो सामान गिरा उसने भोंगा बजाया, जो लुढ़का उसने बाँसुरी बजाई। कईं प्रकार की बेसुरी ध्वनियाँ प्रस्फुटित हुई।

फलवाला हँसने लगा तो भंगार वाले को भी हँसी आ गई। उनका हाड़तोड़ परिश्रम कीचड़ में मिल गया, लेकिन दोनों की हँसी ने निराशा को समाप्त कर दिया।

द्रोण यदि दौड़कर आते तो भी बचाना कठिन था। कुछ भी हो उन्हें अपराधबोध हुआ कि फलों को नहीं बचा पाया मगर अटाला कबाड़ा बचाया जा सकता था। फलवाली अप्रत्याशित घटना थी परन्तु अटाले वाले को दौड़कर सम्भाला जा सकता था। उनके पास सहानुभूति प्रकट करने का समयाभाव था, क्यूँकि सुंटील मार्ग के अन्तिम छोर पर निकल गया। उन्होंने गति तेज कर दी।

दो बालक ठिलवाई करते जा रहे थे। पतला बालक मोटे से बोला, 'आलु बोल तो।'

'आलु।' वह बोला।

'तेरा बाप चालू।' पतले ने सुकल्पित वाक्य कहा।

अब मोटे की बारी आई। उसने कहा, 'चाकू बोल तो।'

'चाकू।'

'तेरा बाप डाकू।'

दोनों हँसने लगे।

पतले ने फिर से सोत्साह कहा, 'केला बोल तो।'

'केला।'

'तू मेरी लैला।

अब द्रोण को भी हँसी आ गई।

मोटे ने भौहे सिकोड़कर कुछ स्मरण किया। उसे नया शब्द हाथ लगा। बोला, 'अन्टी बोल तो।'

'अन्टी।'

'तू मेरी फन्टी।'

यह बस्ती अनूठे कामों से इस प्रकार चर्चित थी कि उसने गालियों की पुण्यभूमि के रूप में ख्याति अर्जित कर ली थी। गालियों का जन्म यहीं होता और

मृत्यु नगर में। यहाँ उनकी फैक्ट्रियाँ थीं। जब नगर में नई गाली का प्रचलन बढ़ता तब समझते देर नहीं लगती कि उत्पाद कहा का है। बिना लेबल से पहचान लेते यह माल इस बस्ती से आयात हुआ है। गाली के वैज्ञानिकों की बौद्धिक क्षमता का इस बात से पता चल जाता, जब एक गाली ठण्डी पड़ती तो शीघ्र दूसरी का अविष्कार कर देते। इसलिए नगर में गालियों का अभाव भी नहीं खटकता था।

सुंटील ने बस्ती में पदार्पण किया। आज कोई कार्यक्रम था। इसलिए कुछ लोग मदोन्मत लग रहे थे। एक अधपके घर के आँगन में गोल घेरा बनाकर महिलाएँ तालियाँ बजा बजाकर गीत गा रही थीं तथा घेरे के अन्दर दो युवतियाँ झूम झूमकर नाच रही थीं। एक वृद्धा सबको मदिरा परोसते हुए लड़कियों को चिऊटी भरकर हँसा रही थीं और स्वयं भी पोपले मुँह से हँस रही थीं। मार्ग के उस पार सहभोज चल रहा था, जहाँ लोग पँक्तियों में बैठकर भोजन कर रहे थे। पत्तलों में मक्का की रोटियाँ और दोनों में मिर्च से लालमलाल माँस उन्हें लुभा रहा था। मिर्च की अधिकता से त्रस्त बच्चे सुसा सुसा सिसकारियाँ भर रहे थे तथा गटागट पानी उतार रहे थे।

द्रोण एक मकान के कोने में दुबककर निरीक्षक की तरह देखने लगे। वहाँ से पुरी गली के क्रियाकलाप साफ दिख रहे थे, क्योंकि गली एकदम सीधी थी और वहाँ कोई बड़ा वाहन भी खड़ा नहीं था और न कोई आड़ी तिरछी भित्तियाँ थीं, जिससे देखने में बाधा हो।

सुंटील ने सहभोज वाली पँक्ति के पास वाले घर जाकर कहा, 'शनि महाराज की जय हो।' ओटले पर बैठी स्त्री अन्दर जाकर तेल लाई। कम तेल देखकर वह भड़का 'इतना कम तेल।'

घिघियाते हुए कहने लगी, 'महाराज तेल खत्म हो गया। एक बघार का बचा जो आप को दे रही हूँ।'

सुंटील की आदत खराब थी। जब कोई कम तेल देता तब भड़काऊ भाषण देने लगता, जिससे विवाद होने की आशंका बनी रहती। कई बार विवादों में पड़ा फिर भी उसने अपने कुत्सित विचारों पर अंकुश नहीं लगाया। उसके सामने लोगों की अभ्यर्थनाएँ व्यर्थ जातीं।

सुंटील अगले घर गया। वहाँ भी कम तेल दिया। वह अपने दबदबे की ध्वजा विलुलित करने के लिए कहने लगा, 'आप जैसे महान लोग धरती पर

बहुत कम हैं। नास्तिक हैं आप लोग।' वह इतनी जोर से बोला कि द्रोण ने भी साफ साफ सुना। वह आगे बोला, 'पुण्यात्मा लोग शनि महाराज की बहुत सेवा करते हैं। नहीं माँगो फिर भी दे देते हैं। एक तुम हो कि करछुल भर तेल नहीं दे पाते।' वह बोलते हुए भूल गया था कि यह सर्वाधिक तापमान वाली बस्ती है।

उसके काँटेदार वाक्य सुनकर पँक्ति में से एक युद्धपिपासु उठा। मदिरा में धूत था। हाथों में दोना पत्तल उठा लिए, उसमें रोटी माँस था। बाँका तिरछा चलता आया और सुंटील के ऊपर सब डाल दिया। बोला, 'लो भगत भोजन कर लो।'

सुंटील को काटो तो खून नहीं। उधर द्रोण भी दंग रह गए।

इस प्रसंग को देखादेखी एक युयुत्सु और उठा। उसने सुंटील के सिर पर मदिरा उढेल दी। बोला, 'लो भगत पानी पी लो।'

सुंटील इस अज्ञात शरारत से अनभिज्ञ था। इतने में जो देखो वह गालियाँ देने लगा। सुंटील पराभूत होकर भागा। एक लठेत पीछे दौड़ा, चार पाँच लोग पत्थर लेकर दौड़े, कुछ महिलाएँ चप्पलें लेकर दौड़ी पर वह हाथ नहीं आया। सबको भूलभुलैया में डालकर तालाब की ओर निकल गया।

द्रोण ने भी पीछा नहीं छोड़ा।

सुंटील थोड़ी देर तक लेटा रहा, फिर बस्ती वालों पर जी भरकर गालियाँ बरपाई, फिर झोला झण्डी किनारे रख तालाब में कूद कूदकर नहाया धोया।

द्रोण ने पूछा, 'स्नान हो गया?'

'हाँ।' सुंटील ने कहा, 'पर सर आप यहाँ कैसे?'

'कुछ नहीं, यूँ ही आ गया।'

सुंटील ने तुरत फुरत कपड़े पहने।

'लोगों ने तुमको मारा तो नहीं? द्रोण ने पूछा।

'नहीं। आपको कैसे मालूम?'

'मैं देख रहा था। उन्होंने ऐसा क्यों किया?'

'मैं तेल माँग रहा था इसलिए।'

'तुम तेल क्यों माँग रहे थे?'

'शनि महाराज के लिए।'

'शनि महाराज तेल का क्या करते हैं?'

‘पता नहीं।’

‘तेल पीते होंगे?’

‘नहीं।’

‘तेल से नहाते होंगे?’

‘नहीं।’

‘रसोई के काम में लेते होंगे?’

‘नहीं।’

‘तो फिर क्या करते हैं?’

‘ये तो मुझे भी नहीं मालूम।’

‘वे रहते कहाँ हैं?’

‘ऊपर।’

‘ऊपर क्या करते हैं?’

‘घूमते हैं।’

‘शनि देव वे तो नहीं जिन्हें शनि ग्रह कहते हैं?’

‘हाँ, वही।’

‘ब्रम्हाण्ड में घूमने वाले ग्रहों उपग्रहों की भाँति शनि भी एक ग्रह है, उन्हें तेल की क्या आवश्यकता?’

‘कुछ न कुछ तो करते होंगे।’

‘तुम लोग शनि देव के नाम से जो तेल लेते हो, उसे शनि ग्रह तक पहुँचाते हो क्या?’

‘नहीं।’

‘क्यों नहीं, जिसकी चीज उसके तक पहुँचानी चाहिए।’

‘कैसे पहुँचाएँ?’

‘वैज्ञानिकों से मिलो। वे आते जाते रहते हैं। दस बारह तेल के टेंकर विमानों के पीछे बाँध दो।’

‘वहाँ पहुँचा देंगे तो हम क्या करेंगे।’

‘तुम लोग तेल को क्या करते हो?’

‘हम खाते हैं, बेचते और पैसे कमाते हैं।’

‘तुम्हें खाना पीना हो तो अपने नाम से माँगों, शनि ग्रह के नाम से क्यों माँगते हो?’

'देवताओं के नाम से दे देते हैं, ऐसे कोई नहीं देता।'

'तो कोई काम धंधा करो।'

'यही तो हमारा धंधा है।'

'आस्था के नाम पर धंधा करना विकृति है। यह ढोंग पाखण्ड़ बन्द करो।'

'क्यों सर !'

'इससे धर्म बदनाम होता है।'

'ऐसा क्या।'

'भारतीय संस्कृति में शनि ग्रह को क्यों पूजते हैं, इस पर शोध करो। निश्चित ही इस अनुसंधान से वैज्ञानिक तथ्य प्राप्त होंगे, जो हमारे लिए लाभकारी होंगे।'

'जी हाँ सर !'

'शनिदेव का सम्मान करो।'

'जी सर।'

'सनातन धर्म महान है। देवी देवता महान है। इस महानता को उजागर करो।'

'इसके लिए क्या करना पड़ेगा?'

'वेदों का अध्ययन करो।'

'वेद किसे कहते हैं'

'ईश्वर द्वारा दिए गए ज्ञान को वेद कहते हैं।'

'ईश्वर ने वेद ज्ञान क्यों दिया?'

'संसार की भलाई के लिए।'

'वेदों में क्या है?'

'वेदों में ज्ञान, कर्म, उपासना और विज्ञान है।'

'ईश्वर कैसे हैं?'

'ईश्वर निराकार, सर्वज्ञ, निर्विकार, सर्वव्यापक, अजन्मा, अनन्त, सृष्टिकर्ता, सृष्टिधर्ता, सृष्टिहर्ता, दयालु, सर्वशक्तिमान और न्यायकारी हैं।'

'ईश्वर का नाम क्या है?'

'ओम।

तीन

सुविधाभोगी प्राध्यापक इन्दौर से नित्य आना जाना करते पर इस छोटे नगर में रुकने से घबराते कि सुख साधन नहीं मिलेंगे जबकि द्रोण यहाँ किराये से कमरा लेकर रहने लग गए थे। महाविद्यालय में पढ़ाते-पढ़ाते दो महीने व्यतीत हो गए। इतनी समयावधि में विद्यार्थियों से घुलमिल गए। महाविद्यालय में देखा नकारात्मक सोच अधिक है तो पाठ्यपुस्तक पढ़ाने के साथ साथ सृजनधर्मी बनकर विद्यार्थियों में सकारात्मक सोच जागरित करने लगे। शुभचिन्तक बनकर घोषणा कर दी जिन विद्यार्थियों के पास शुल्क जमा करने की राशि नहीं हो, जो पुस्तक पुस्तिका खरीदने में असमर्थ हो, ऐसे छात्राएँ मुझसे सम्पर्क करें। मैं अभावग्रस्त विद्यार्थियों का सहायक बनना चाहता हूँ। इस अतिमाँगल्य उद्घोषणा से महाविद्यालय परिवार बहुत प्रभावित हुआ। कुछ साधनहीन विद्यार्थी हिचकिचाते हुए आगे आए तब द्रोण ने उनका पूरा सहयोग किया। उन्हें समझाया इसे दान या भिक्षा मत समझना, ये तो बड़े भाई द्वारा अपने छोटे भाईयों के लिए निभाए जाने वाला कर्तव्य है। संकल्पना रंग लाई। विद्यार्थी उन्हें सम्मान की दृष्टि से देखने लगे। उनकी छवि एक कर्तव्यनिष्ठ प्राध्यापक की बन गई।

कड़कनाथ और मिनकी ने आज जीवों की उत्पत्ति पर अधिक बल दिया। जीव उत्पन्न करने के लिए क्या करना पड़ता है, आज इसी बिंदू की संदर्भ प्रसंग सहित व्याख्या की। यह देख छात्र चिल्लाये 'डेबरी मौसी।'

एकाएक महाविद्यालय में अतिरिक्त संचालक आ गए। महाविद्यालय में हड़कम्प मच गया। सारे कर्मचारी अपने अपने विभागों में दौड़े चले आए। प्राध्यापक रजिस्टर डायरी तैयार करने लगे। भृत्यों ने हाथों में झाड़ू उठा ली। ग्रन्थपाल पुस्तकों को व्यवस्थित जमाने लगे। बन्टा बाबू दारू पी रहा था, उसने घबराकर बोतल को फाइलों के नीचे छिपा दिया। पूरी महाविद्यालय में गूंजने लगा लिफाफा वाले एडी साहब आ गए। अतिरिक्त संचालक का प्रवेश नाहर की भाँति हुआ। आते ही अपने आखेट पर आक्रमण कर दिया। सीधे प्राचार्य कक्ष में घुसे। वहाँ कड़कनाथ और मिनकी जीव विज्ञान पर चर्चारत थे। अतिरिक्त संचालक को देखकर दंग रह गए। कड़कनाथ की आँखें फट गईं और मिनकी

का रंग उड़ गया। अतिरिक्त संचालक कुर्सी पर बैठने से पहले बोले, 'ये क्या चल रहा है?'

कड़कनाथ बोला, 'कुछ नहीं सर।'

'कुछ नहीं तो फिर आपकी आँखें क्यों फट गई?'

कड़कनाथ चुपचाप खड़ा रहा।

अतिरिक्त संचालक ने मिनकी को भूखे सिंह की भाँति देखा और पूछा, 'आपको क्या हुआ?'

मिनकी ने खिसियाकर कहा, 'कुछ तो नहीं हुआ सर।'

'आपके मुख का रंग क्यों उड़ गया?'

मिनकी भी चुप हो गई।

अतिरिक्त संचालक खिलाड़ियों के खिलाड़ी थे। बोले, 'मैंने आप लोगों के बारे में जो कुछ सुना था, वह एकदम सही निकला।'

कड़कनाथ ने कहा, 'मिनकी मेडम जीव विज्ञान पर चर्चा करने आई थी।'

अतिरिक्त संचालक दहाड़े, 'मैं अर्थशास्त्र पर चर्चा करने आया हूँ। समझे या नहीं समझे?'

'नहीं समझे।'

अतिरिक्त संचालक हाथ खड़ा करके बोले, 'लिफाफा निकालो लिफाफा।'

'समझ गया सर।'

'मैं भी समझ गई सर।'

दोनों ने अपना अपना लिफाफा बन्द करके दे दिया। लिफाफा गरम होने के साथ वजनदार भी थे। अतिरिक्त संचालक ने जैसे ही लिफाफे जेब में रखे तो जेब भी गरम हो गया। भूखे सिंह को मेढक मिल गई तो धीरे से खिसक लिए।

अतिरिक्त संचालक के जाने के बाद सभी निश्चिन्त हो गए। झामरा और टूटला ने झाड़ू नहीं निकाली। बन्टा बाबू ने फिर से बोतल निकाल ली। मिनकी कार्यालय से बाहर निकली तो अरविन्द चिल्लाया 'डेबरी मौसी।' वह उसके पीछे दौड़ी।

महाविद्यालय में आठ दिन से झाड़ू बुहारा नहीं हुआ था। कक्षों में कचरा कूड़ा, धूल धक्कड़ जम गई। स्वच्छता के अभाव में विद्या का मन्दिर कबाड़खाने जैसा लगने लगा। विद्यार्थी अपनी बेंच साफ कर के बैठ जाते, पढ़ने के बाद चले

जाते, कोई किसी को कुछ नहीं कहता। प्राध्यापकों को भी कोई आपत्ति नहीं; सबको पता था उनकी कोई सुनने वाला नहीं, इसलिए अपने काम से काम राम से राम रखो।

भृत्य इतने अराजक हो गए थे कि सप्ताह भर तक झाड़ू नहीं निकालते, तब भी प्राचार्य महोदय उन्हें कुछ नहीं कह सकते थे, क्योंकि उनकी नस भृत्यों के हाथ में थी, वे प्राचार्य कड़कनाथ की रासलीला के प्रत्यक्षदर्शी थे। भृत्यों की संख्या दो थी। एक झामरा और दूसरा टूटला। काम कुछ नहीं करते दोनों मुख्यद्वार के पास बेंच लगाकर ठप्पे से बैठे रहते; कमरे गन्दे पड़े रहते।

झामरा और टूटला किसी से भी नहीं डरते; प्राध्यापकों से भी नहीं, बाबू से भी नहीं, प्राचार्य से भी नहीं; इसके विपरित प्राचार्य ही भृत्यों से डरता है कि कहीं पोल न खोल दे। पूरी महाविद्यालय में दोनों भृत्यों का दबदबा है, दोनों निरंकुश, दोनों तानाशाह है। सुबह महाविद्यालय लगने के पहले और शाम को छुट्टी होने के बाद आवारा लड़के लड़कियों को पाँच सौ रुपये में महाविद्यालय के कमरे उपलब्ध करवाना, समाचार पत्रों एवं फाइलों को रद्दी में बेच देना, पुरानी वस्तुओं को अटाले कबाड़े वाले को बेचना उनका काम है। जब महाविद्यालय लगती तब प्राध्यापकों को आँखें बताकर भयभीत करने का प्रयत्न करना, उनकी इस अराजकता पर मौन धारण करने के अलावा कोई उपाय नहीं सूझता, क्योंकि सबको पता है कि इनकी साँठगाठ लुच्चे, लपंगों, चोर, उचक्कों और टट्टपुंजों, बेवडों से है, थोड़ी सी देर में कालर पकड़वा देंगे। इस संदर्भ में टूटला का कहना है कि 'प्राचार्य कड़कनाथ की कुछ गोपनीय बातें हमारे हाथ लग गई हैं, इसलिए साब हमारे सामने भीगी बिल्ली बनकर रहते हैं।' यही कारण है दोनों भृत्य सांड की तरह डकारते रहते हैं।

द्रोण ने दो तीन बार भृत्यों से झाड़ू निकालने को कहा मगर उनकी एक न सुनी। जब उन्हें लगा की वह स्वयं भी यह काम करने में समर्थ हैं तो एक दिन झाड़ू लेकर कक्ष साफ करने जाने लगे तब प्राध्यापक काबर्या ने तंज़ कसा, 'झाड़ू ही निकालना था तो फिर प्राध्यापक क्यों बने? चपरासी बन जाते।' अब क्या करना द्रोण के हाथ ठिठक गए। झाड़ू को जहाँ की तहाँ रख दी। तय किया प्राचार्य महोदय को इस समस्या से अवगत कराया जाए, वे सर्वेसर्वा हैं, उनके एक आदेश पर भृत्य चकरी की तरह झाड़ू निकालने लगेंगे। वे प्राचार्य कक्ष की

ओर जाने लगे। वाणिज्य विभाग के सामने से गुजरे तो देखा टमटम मेड़म गुस्से में थी।

एक छात्रा ने कहा, 'मेड़म हस्ताक्षर कर दीजिए।'

टमटम मेडम ने आवेदन देखा तो तमतमा उठी। पूछा, 'तुमने आवेदन द्रोण को दिखाया?'

छात्रा बोली, 'जी हाँ।'

'तो फिर मेरे पास क्यों लाई? उसी से हस्ताक्षर करवा लेने थे न।'

'हस्ताक्षर आप के ही लगेंगे।'

'मैं नहीं करूँगी।'

'कर दीजिए मेडम।'

'जिस आवेदन को द्रोण हाथ लगा दे, उस पर मैं कभी हस्ताक्षर नहीं करती।'

दूसरी छात्रा ने पूछा, 'मेडम, आवेदन कहाँ जमा करना है?'

'मुझे नहीं पता। जाओ द्रोण से पूछो। मैं नहीं बताऊँगी। द्रोण के सामने नाक रगड़ो तब पता चलेगा।'

छात्राएँ निराश होकर चली गईं।

टमटम मेडम केरियर मार्गदर्शन प्रकोष्ठ की जिला प्रभारी है। जिले में आठ महाविद्यालय हैं। प्रत्येक महाविद्यालय का अपना एक प्रकोष्ठ प्रभारी नियुक्त कर रखा। टमटम मेडम ने किसी महाविद्यालय से कोई जानकारी माँगी और प्रकोष्ठ प्रभारी ने जानकारी देने में एक घण्टे की देरी कर दी तो टमटम चिढ़ जाती है। जिले में किसी बैठक का आयोजन हुआ और किसी महाविद्यालय का प्रकोष्ठ प्रभारी रोगग्रस्त हो गए या दुर्घटना हो गई या गाड़ी खराब हो गई अथवा किसी कारण से उपस्थित नहीं हो सका तो टमटम उसे प्रताड़ित करती और धमकी देती की तुम्हें निलंबित करवा दूँगी। वह झाँकी जमाना चाहती है, वर्चस्व जमाना चाहती है। चरित्र तो है ही गन्दा, व्यवहार भी खराब है।

द्रोण थोड़ी आगे गए तो प्राचार्य कड़कनाथ सामने ही मिल गया। द्रोण ने अभिवादन किया, 'नमस्ते सर !'

प्राचार्य ने सिर हिलाते हुए कहा, 'नमस्ते नमस्ते ! कहिये क्या बात है?'

'सर, महाविद्यालय में झाड़ू नहीं लग रही।'

'कब से?'

'आठ दिन हो गए।'

प्राचार्य कड़कनाथ ने तुक्का मारा 'आठ दिन हो गए और आप मुझे आज बता रहे हो।'

कड़कनाथ को पता था कि भृत्य झाड़ू नहीं निकालते। पिछले सत्र में भी ठीक से साफ साफई नहीं हुई थी। पिछले वर्ष इसी बात से क्रुद्ध होकर टूटला दण्ड लेकर कड़कनाथ को मारने दौड़ा था। जब कड़कनाथ शौचालय में छिप गया, मिला नहीं, तब टूटला ने पानी के सारे मटके फोड़ फाड़ डाले थे।

कड़कनाथ पुनः बोला, 'देखो सर, मैं चपड़ासी नहीं हूँ कि झाड़ू लगाऊँ। समझ रहे हो न मेरी बात। चपड़ासी से कहो जरूर निकालेंगे।'

'उनसे चार पाँच बार कह चुका हूँ, निकालते ही नहीं।' द्रोण ने कहा।

इतने में झामरा आ गया। उसके हाथ में मिष्ठान था। बोला, 'साब, मिठाई ले आया हूँ।'

'अन्दर रखो मैं मिनकी मेडम को बुलाकर ला रहा हूँ।'

'हाव साब।'

कड़कनाथ जाते जाते द्रोण से बोला, 'जाइए अपना काम कीजिए। समझ रहे हो न मेरी बात।'

प्राचार्य सर्वेसर्वा होते हैं, भृत्य से काम करवाना उनका दायित्व है किन्तु वे ऐसा नहीं करता, क्योंकि जो साँप डंस लेता है उसकी पूँछ झड़ जाती है, प्राचार्य का मामला भी कुछ ऐसा ही था।

द्रोण समझ गए कि अन्धेर नगरी चौपट राजा वाला प्रकरण है। सोचा चलो एक बार पुनः भृत्य से आग्रह करूँ, झाड़ू निकाल दे तो ठीक नहीं तो मैं ही निकालूँगा। प्राध्यापक काबर्या से छिपकर झाड़ू ले जाऊँगा।

झामरा और टूटला के आसपास आठ दस विद्यार्थी बैठे थे। लड़कियों की बातें कर रहे थे। झामरा ने अरविन्द से पूछा, 'तूने उसे लाइन क्यों मारी?'

अरविन्द बोला, 'उसने मुझे लाइन क्यों दी।'

टूटला ने बात आगे बढ़ाई 'वह कह रही थी अरविन्द का सिर फोड़ दूँगी।'

अरविन्द ने हृदय पर हाथ रखा। बोला, 'पहले दिल तोड़ा अब सिर फोड़ दे।'

झामरा बोल पड़ा 'अरे वो सही में फोड़ देगी।'

अरविन्द ने अपनी बात पर जोर देकर कहा, 'अरे उस आवारा पूछड़ी की बातों पर विश्वास मत किया करो, हवा फाइरिंग करती है।'

द्रोण को देखकर विद्यार्थी खड़े हो गए। बोले, 'नमस्ते सर !'

'नमस्ते ! कैसे हो तुम लोग ?'

'ठीक हैं सर।'

विद्यार्थी चले गए।

द्रोण ने झामरा से कहा, 'प्राचार्य महोदय ने आपको झाड़ू निकालने को कहा है।'

झामरा दादा पहलवान की भाँति बोला, 'मुझे नहीं निकालनी है। पेले भी तुमकू कह दिया था पर तुमकू समझ नहीं पड़ी।'

टूटला बोला, 'जाओ पेन्सीपाल को हमारे पास बुला के लाओ।'

झामरा ने हँसते हुए कहा, 'पेन्सीपाल तो हमारा चपड़ासी है। चपड़ासी का भी चपड़ासी है। हम उसी से झाड़ू निकलवाएँगे।'

द्रोण ने कहा, 'आप लोगों का काम झाड़ू निकालने का है तो क्यों नहीं निकालते ।'

झामरा खड़ा हो गया। क्रोधोन्मत बोला, 'सर, हमारे काम में टाँग मत अड़ाया करो, वरना ठीक नहीं होगा। हम विधायक के आदमी हैं।'

द्रोण वहाँ से चले गए। उन्हें दुख हुआ। भृत्य से कहो तो निकालते नहीं, प्राचार्य से कहो तो ध्यान नहीं देते, प्राध्यापक मुझे निकालने नहीं देते, तो फिर झाड़ू कौन निकालेगा? अम्बर फटेगा वहाँ से बुहारा करने वाला आएगा अथवा धरती फटेगी उसमें से निकलेगा। कोई कुछ भी कहे मैं स्वयं साफ सफाई करूँगा। धूल धक्कड़ में न मैं बैठूँगा और न छात्राएँ को बैठने दूँगा। द्रोण को भृत्यों की नकारात्मक सोच समझ में आ जाने से वे अपने कर्तव्य के प्रति और अधिक संवेदनषील हो गए। वे झाड़ू पीछे छिपाते छिपाते कक्ष की ओर जाने लगे। प्राध्यापक काबर्या ने देख लिया। बोला, 'क्या झाड़ू निकालने के लिए आपने इतनी पढ़ाई की।'

काबर्या की बात का आशय द्रोण समझ गए। बोले, 'कमरों में आठ दिन से झाड़ू नहीं निकली, कोई निकालेगा भी नहीं। कुत्ता भी बैठने से पहले अपना स्थान साफ करता है, क्या हम नहीं कर सकते।'

'हम कुत्ते नहीं, प्राध्यापक हैं। कुत्ते तो चपड़ासी हैं। झाड़ू निकालना चपड़ासी का काम है।' इतना कहकर काबर्या खुजली करके सूँघने लगा।

काबर्या ने संकेत द्वारा टमटम मेडम को बुला लिया। आँखों ही आँखों में समझा दिया कि प्राध्यापक द्रोण झाड़ू निकालने जा रहे हैं। टमटम मेडम बोली, 'मुझे कॉलेज में पढ़ाने का बहुत अनुभव है और मैं इस निष्कर्ष पर पहुँची हूँ कि आपकी सोच बहुत घटिया है।'

काबर्या ने व्यंग किया, 'गाँधीगीरी दिखाने का ढोग बन्द करो। हमें भी झाड़ू निकालते आती हैं पर क्यों नहीं निकालते, क्योंकि हम प्रोफेसर हैं, प्राथमिक विद्यालय के मास्टर नहीं।'

टमटम मेडम ने भी तंज़ कसा, 'आपको तो चपरासी बन जाना था।'

द्रोण आज इन प्राध्यापकों की मानसिकता से भलीभाँति परिचित हो गए।

'चपरासी से कहो निकालेगा' टमटम मेडम आगे बोली, 'प्राचार्य के पास आपत्ति दर्ज करवाओ। चपरासी बैठे बैठे कुर्सी तोड़ते रहते हैं तो किस काम के।'

काबर्या मुँह बनाकर बोला, 'प्राचार्य जब मिनकी मेडम के आगे पीछे फिरते रहते हैं तो क्या कमरों में झाँककर देख नहीं सकते कि झाड़ू निकली है या नहीं।'

काबर्या अपने पसीने को सूँघता साँघता चला गया। द्रोण ने किसी की नहीं सुनी। दो कमरों की झाड़ू निकाल दी तब विद्यार्थियों ने उन्हें देखा। छात्रों ने द्रोण के हाथ से झाड़ू छुड़ा ली बोले, 'सर, हमारे होते हुए आप कैसे झाड़ू लगा सकते हैं। आज हम झाड़ू लगाएंगे।' विद्यार्थियों ने झाड़ू लगाई।

बन्टा बाबू को दारू चढ़ गईं थी। बोला, 'सभी विद्यार्थी मिलकर प्राचार्य को मारो। साला झाड़ू नहीं निकलवाता।'

कुछ प्राध्यापक कार्यालय में बैठे थे, कुछ पढ़ाने चले गए। प्राध्यापक घासीराम इधर उधर मन्डरा रहा था। कुत्ते को कितने पकवान भी खिला दो तब भी वह हड्डी चूसना नहीं छोड़ेगा वैसे ही घासीराम भी अनैतिक कर्म नहीं छोड़ता। सब अन्न खाते हैं घास थोड़ी न खाते हैं, सबको पता है प्राध्यापक घासीराम और टमटम मेडम के बीच कुछ गड़बड़ है, वैध कुछ भी नहीं सब अवैध है, नैतिक कुछ भी नहीं सब अनैतिक है। प्रतीक्षा समाप्त हुई। टमटम मेडम इठलाती हुई आती दिखी। घासीराम के हृदय में वासना की दलिया खदबद खदबद करने लगी। पास आते ही दोनों ने गन्दे भावों का आदान प्रदान किया और घासीराम

उसके आगे पीछे पूँछ हिलाने लगा। यह प्रेम नहीं वासना थी। आँखों में अनुराग नही कामलिप्सा उपजी। हृदय में आनन्द नहीं कामकुण्ठा उत्पन्न हुई, होठों पर मंजुल मुस्कान नहीं अश्लील हँसी पसर गई।

बन्टा बाबू ने आधा बोतल दारू पी और आधा बोतल कड़कनाथ के ऊपर डाल दी।

'कहाँ थीं आप?' घासीराम ने दृष्टि मिलाते हुए पूछा।'

'प्रोफेसर द्रोण ने दिमाग खराब कर दिया।' टमटम मेडम पर्स उछालते बोली।

'क्या कहाँ उसने?'

'झाड़ू निकाल रहा था।'

'बहुत बेकार प्रोफेसर है।'

'मैं कैसा हूँ?'

'अच्छे हो।'

'तुम्हें मेरी याद नहीं आती?'

टमटम में नारी सुलभ लज्जा नहीं थी। वह निर्लज्जतापूर्वक बोली, 'तुम्हारी याद भी आती है, खयाल भी आते हैं और सपने भी आते हैं।'

'पर हम नहीं आते।'

'तुमको भी किसी दिन हमारे घर आना पड़ेगा।'

'तुम्हारा पति मार डालेगा मुझे।'

वह पापिष्ठा बोली, 'हम दोनों मिलकर उसे मार डालेंगे।'

घासीराम तो टमटम का अन्यन्य उपासक बन गया। ऐसी उपासनाएँ दूसरी स्त्रियों की भी कर चुका। इस मामले में वह अन्य प्राध्यापकों से अधिक अनुभवी है। अभी अविवाहित है। टमटम का विवाह हो चुका है, उसका पति पटवारी है, सुन्दर है, इस पर विश्वास करता है और ये उसकी आँखों में धूल झोकती। घासीराम सुन्दर नहीं है, शिष्ट भी नहीं, ज्ञानवान भी नहीं, यह तो गधा है। इसके गधेपन का पुष्ट प्रमाण इस बात से मिलता है कि इसे बावासीर हैं, ऐसे पदार्थ मत खा जो कष्टप्रद हो, पर ये भजिए, कचोरी, आलुबड़े, समोसे खाता है फिर शौचालय में चीखता चिल्लाता। इसे कई लोग समझाते कि मिर्च मसालेदार खाद्यों का सेवन मत करो तो ये उल्टा उन्हीं पर भड़क जाता। सज्जनों ने सही

कहा है कि गधे को बताओ ज्ञान तो गधा हिलाये कान।

इनकी दुराचरण बातें सुनने वाला बाहर कोई नहीं था। दोनों धीरे-धीरे कार्यालय की ओर जाने लगे। टमटम बोली, 'हमारी बात किसी को पता तो नहीं चली न !'

घासीराम विलासी हँसी हँसा। बोला, 'किसी को कानों कान खबर नहीं है।'

टमटम को शान्ति मिली। सोचने लगी चरित्रवान का चोला ओढ़कर सबकी आँखों में धूल झोकती रहूँगी। पूछा, 'यदि पता चल गया तो?'

बरामदे में कुत्ता लेटा था, उठकर भागा, क्योंकि बन्टा बाबू दारू के नशे में नाचने लगा।

घासीराम विचारशून्य प्राध्यापक था पर अनैतिक कामों में उसका दिमाग तेज चलता। बोला, 'बहाना बना लेंगे।'

'कौन सा बहाना?'

'भाई बहन वाला बहाना।'

'कैसा?'

'कह देंगे कि हम दुर के रिश्ते के भाई बहन लगते हैं।'

'मेरे पति को क्या बताएंगे?'

'उनको भी यही कहना।'

'जब मेरे पति को वास्तविकता का पता चलेगा तो मेरा काला मुँह और पीले पैर करवा देगा।'

'इससे पहले हम उसका लाल सिर और सफेद आँखें कर देंगे।'

दोनों मुस्करा दिए।

घासीराम कार्यालय के बाहर खड़ा रहा। टमटम अन्दर गई पुस्तकें उठाई बाहर निकली। घासीराम से बोली, 'मैं कक्षा में जा रही हूँ, बाद में बात करेंगे। वह पढ़ाने के लिए चली गई।

टमटम बहुत चतुर है। पुरुषों को जाल में फसाने का उसे पूर्वाभ्यास है। विद्यालय में पढ़ती थी तब भी, महाविद्यालय में पढ़ी तब भी और अब पढ़ाने लगी तब भी कईयों को नाच नचाने में अग्रणी भूमिका निभा चुकी। स्वदेशी से उसे घृणा है। साड़ी नहीं पहनती, अधिकतर जींस टिशर्ट पहनती है। महाविद्यालय में विदेशी परिधान पहनकर आती। उसके पति को कुर्ता पायजामा नहीं पहनने

देती, कहती ये गवारों की वेषभूषा है, जींस टिशर्ट पहनो, कोट टाई पहनो। एक समारोह में उसके पति ने साफा बाँध लिया तो वह बिदक गई, साफा निकलवाया और टोपी पहनाई। जब इसका विवाह हुआ था तब भी ऐसे ही ढ़ोग किए। इसके पति ने कहा कि हमारे यहाँ परम्परा है विवाह में वर को धोती कमीच पहनाते हैं तो टमटम चिढ़ गई थी कि धोती कमीच पहनकर आए तो बारात वापस भगा दूँगी, सफारी सूट पहनकर आना। इसके मन और मस्तिष्क में विदेशीपन भरा पड़ा है।

भृत्य बीड़ी पीते पीते संगोष्ठी कर रहे थे। झामरा ने एक विद्यार्थी को चार पाँच झापट मारी। जितनी झापट मारी विद्यार्थी उतना हँसा। त्रुटि विद्यार्थी की ही थी। उसने झामरा को काका बोल दिया था।

'काका।'

'ढंग से बोल।'

'क्या बोलूँ?'

'सर बोल।'

'तू सर है क्या?'

'सर नहीं हूँ पर सर जैसा दिखता तो हूँ।'

'तू तो चपड़ासी है।'

'मैं चपड़ासी हूँ पर मेरे पास पोपेसर से भी ज्यादा ज्ञान है।'

टमटम कक्षा से बाहर आई तो वहाँ टूटला मिल गया। टूटला गुप्तचर का कार्य भी करता है। टमटम मेडम का गुप्तचर है। महाविद्यालय में कौन क्या कर रहा है, कौन किसके बारे में क्या बोल रहा है, कौन क्या खाता है, कौन कहाँ जाता है, कौन कहाँ रहता है, ये सारी बाँतें टमटम मेडम टूटला से प्राप्त करती है। कोई बात कर रहे हो तो टूटला चुपके से उनके पीछे खड़ा हो जायेगा ताकी गोपनीय बाँतें पकड़ सके और टमटम को बता सके। टूटला बढ़ा चढ़ाकर बाँतें बताता ताकि विवाद हो। द्रोण और पटेल सूचनापटल के पास बात कर रहे थे तब टूटला चुपके से उनके पीछे खड़ा हो गया। पटेल ने द्रोण से पूछा कि आप कितने वर्ष के हो गए हैं तो द्रोण ने उत्तर दिया मैं तीस वर्ष का हो गया हूँ। पटेल ने अपनी अवस्था चालीस बताई। द्रोण ने कहा आप चालीस के हो गए पर तीस के लगते हो।

टूटला ने मिनकी से कहा, 'मेडम वहाँ आपकी चर्चा चल रही थी।'

टमटम ने पूछा, 'कौन मेरी चर्चा कर रहे थे?'

'द्रोण सर और पटेल सर।'

'क्या बोल रहे थे?'

'बोल रहे थे टमटम मेडम तो चालीस वर्ष की हो गई है।' टूटला ने बत्ती मारी।

'ऐसा द्रोण सर ने कहा कि पटेल सर ने?'

'द्रोण सर ने।'

टमटम का तो दिमाग खराब हो गया। बोली, 'देख लूँगी इस कुत्ते को तो।' और वह रोने लगी। थोड़ी देरी बाद टमटम ने श्रेष्ठा को रोका। पूछा, 'मै कैसी दिखती हूँ।'

श्रेष्ठा मुस्कराते हुए बोली, 'अच्छी नहीं दिखती हो।'

'कितने साल की लगती हूँ।'

'चालीस के लगभग।'

टमटम चिढ़ गई। बोली, 'इस साल तुझे आन्तरिक परीक्षा में फेल कर दूँगी।'

श्रेष्ठा ने रोकने का प्रयास किया पर टमटम नहीं रूकी।

टमटम ने अवि से पूछा, 'बताओ मैं कितने साल की लगती हूँ?'

अवि बोला, 'सच बताऊँ या झूठ?'

'सच बताओ।'

'आप चालीस वर्ष से अधिक की लगती हो।'

भावों पर नियन्त्रण रखते हुए आगे पूछा, 'दिखती कैसी हूँ?'

'बेकार दिखती हो। झूर्रिदार मुँह, आँखों के नीचे काले धब्बे, पपड़िले होठ और पिचके गाल।'

टमटम का माथा ठनका। चप्पल निकालकर अवि को मारने दौड़ी। अवि हँसते हुए भाग गया।

इधर से कृति जा रही थी। टमटम ने कृति से पूछा, 'मैं कितने साल की लगती हूँ।'

कृति की चेतना जाग गई। बोली, 'बीस साल से भी कम की लगती हो।'

टमटम खिल उठी। बोली, 'सच में।'

कृति मटकते हुए कहने लगी, 'सच कह रही हूँ। यहाँ आपसे अधिक सुन्दर कोई भी नहीं है।'

'मुझे सब पसन्द करते हैं न।'

'आपको मनुष्य कम और जानवर अधिक पसन्द करते हैं।'

'मतलब।'

'मतलब आप बहुत सुन्दर हैं और बीस साल से भी कम उम्र की लगती हो।'

'तुझे आन्तरिक परीक्षा से सबसे ज्यादा नम्बर दूँगी।'

'जी।'

छात्र शोर करने लगे क्योंकि बन्टा बाबू ने नशे में पेन्ट गीली कर दी थी। टमटम घासीराम के पास चली गई। वहाँ पहले से ही मिनकी बैठी थी।

टमटम ने कहा, 'नमस्ते मेडम।'

मिनकी ने ज्ञान बाँटा। बोली, 'मेडम आप पुरानी जनरेशन के लगते हो।'

'कैसे?' टमटम ने पूछा।

'अरे नमस्ते छोड़ो, गुड मोर्निंग, गुड आपटरनून और गुड इवनिंग बोला करो।' मिनकी ने समझाया।

'नमस्ते बोलना तो प्राध्यापक द्रोण का काम है।' घासीराम बोला।

'इस महाविद्यालय में सबसे बेकार प्राध्यापक द्रोण ही है, जो विद्यार्थियों को बिगाड़ रहा है।' टमटम ने ईर्ष्या व्यक्त की।

'विद्यार्थियों को द्रोण क्या सिखाता है?' मिनकी ने पूछा।

'बेकार बातें सिखाता है?' टमटम ने कहा, 'ऐसा सिखाता है कि सुबह सुप्रभात बोलो और रात्रि को शुभरात्रि बोलो।'

तीनो हँसने लगे।

'द्रोण तो बदमाश है। कहता है दरवाजे पर स्वागतम् लिखवाना चाहिए, वेलकम नहीं।' घासीराम ने बताया।

'अरे बाप रे !' टमटम आँखें उछालती बोली।

'रंगोली बनाओ तो शुभ लाभ लिखो, वेलकम मत लिखो, ये द्रोण की मानसिकता है।' मिनकी ने कहा।

तीनों ने मिलकर द्रोण की बहुत निन्दा की। द्रोण की निन्दा के साथ साथ

हिन्दी की भी निन्दा की। नमस्ते, नमस्कार, प्रणाम, सुप्रभात को गलत बताया। उनके कुत्सित विचार सुनकर कोई भी देशभक्त ये कह सकता है कि इनका मस्तिष्क कचरा पेटी है, जिसमें भारत विरोधी तत्वों ने कूड़ा कर्कट डाल दिया, जो समयानुसार विरोध के रूप में बाहर निकलता है।

मिनकी ने पूछा, 'आज नाश्ता पानी कौन करवाएगा?'

घासीराम सड़ेल दाँत बताते बोला, 'पानी मैं पिला दूँगा और नाश्ता टमटम मेडम करवाएँगी।'

टमटम कंजूस थी। चमड़ी जाने दे पर दमड़ी नहीं जाने दे। कुछ क्षण तो बात अनसुनी कर दी, बाद में खिसियाकर बोली, 'हाँ, आज मैं नाश्ता करवाती हूँ। क्या मँगवाऊँ?'

मिनकी बोल उठी, 'चाइनीज़ नाश्ता बुला लो।'

घासीराम ने अपनी पसन्द बताई। बोला, 'भजिये बुला लीजिए।'

मिनकी ने घासीराम की ओर मुस्कराकर कहा, 'भजिये तो कल ही बुलाये थे, बर्गर बुलाओ।'

टमटम ने मन ही मन तुलनात्मक अध्ययन कर लिया कि भजिये सस्ते और बर्गर महँगा पड़ेगा। बोली, 'भजिये ही बुला लेते हैं।' उसने पचास रुपये दिए। घासीराम ने कहा, 'इतने में क्या होगा? ज्यादा पैसे दीजिए।'

टमटम के हृदय में हथगोला फटा। बोली, 'अपन तीन ही तो हैं।'

'तीन नहीं चार हैं। पटेल सर को क्यों भूल रही हो।' मिनकी ने कहा।

'पटेल सर आज नहीं आए।'

'आए हैं।'

'कहाँ हैं।'

'पता नहीं।'

घासीराम को बावासीर का रोग होते हुए भी उसकी पहली पसन्द भजिए ही होती। उसे कष्ट भी होता और हँसी का पात्र भी बनना पड़ता फिर भी वह तेज मिर्ची के भजिये खाता। टमटम ने काँख कूँखकर सत्तर रुपये दिए। झामरा को भजिये लेने भेजा। अन्य काम में वह आनाकानी करता किन्तु खाने पीने की वस्तु लाने में कभी ना नुकूर नहीं की, क्योंकि जो सामग्री लेने जाता मार्ग में स्वयं खाता फिर लाता। झामरा भजिए लेने गया। बड़ी मिर्ची वाले भजिए खरिदे फिर एक

पेड़ के पीछे गया और चैकन्नी दृष्टि से इधर उधर देखा कि महाविद्यालय का कोई भड़भूंजा तो नहीं हैं। कोई नहीं दिखा। पुड़ा खोला, भजिए खाये और जैसा का वैसा वापस बाँध दिया और अच्छी तरह से मुँह साफकर महाविद्यालय आ गया।

मिनकी बोली, 'पटेल सर तो आए नहीं।'

टमटम ने झामरा से कहा, 'पटेल सर को बुला लाओ।'

झामरा पटेल को बुलाने गया। वह सूचना पटल के पास थोड़ी देर खड़ा रहा और वापस आ गया। बोला, 'मैं सब दूर ढूँढ़ आया, नहीं मिल रहे हैं।'

'चलो अपन शुरू करें, वे शायद आज नहीं आए।' मिनकी ने होठ पर जीभ फेरते हुए कहा।

टमटम झामरा से बोली, 'पटेल सर पुस्तकालय में हैं।'

झामरा भागा। बोला, 'मुझे पेन्सीपाल साब बुला रहे हैं।'

टेबल पर भजिए रख दिए। उसके आसपास चारो अर्द्धचन्द्राकार स्थिति में बैठ गए। चपाचप खाने लगे।

खाते खाते बाँतें होने लगीं। टमटम बोली, 'मुझे तो मुर्गी का माँस अच्छा लगता है।'

घासीराम बोल उठा 'मुझे बकरे का माँस ठीक लगता है।'

'हमारे घर कल ही मुर्गी बनाई थी।' मिनकी भजिया चबाते बोली।

अब माँसाहार पर चर्चा होने लगी।

टमटम ने मिनकी से पूछा, 'आपने कभी सूअर का माँस खाया?'

मिनकी को भजिए चरके लग रहे थे। वह सुसा सुसा करती बोली, 'सूअर का तो नहीं पर भैंसे का खाया है।'

टमटम सूअर का समर्थन करते बोली, 'सूअर का खाकर देखना, इतना टेस्टी लगता है कि पूछो मत।'

घासीराम ने किन्नर जैसी शैली में पूछा, 'आप लोगों ने कभी मेढ़क का आचार खाया?'

'नहीं।' टमटम ने नाक पोचते कहा।

'मैंने खाया है। उसे उचक भिन्डी का आचार कहते हैं।' घासीराम ने मिर्च चबाते कहा।

'उचक भिन्डी का आचार कैसा लगता है?' टमटम ने पूछा।

'बहुत स्वादिष्ट। एक बार खा लो तो बार बार खाने का मन करता है।'

घासीराम ने देखा कि टमटम चटोरी है, हर बार अधिक भजिए खा जाती है। उसने खाने की गति बढ़ा दी कि मैं इससे अधिक खाऊँगा।

टमटम ने दाँतों पर जीभ फेरी। पूछा, 'मुझे खाना है। कहाँ मिलता है ये आचार?'

'यहाँ नहीं मिलता, मुम्बई से पार्सल बुलानी पड़ती है।'

'मेढक तो अपने यहाँ भी बहुत है। अपन भी उचक भिन्डी का आचार बना सकते हैं।' मिनकी आचार बनाने में कुशल थी, इसलिए उसने कहा ।

'अपन नहीं बना सकते, क्योंकि एक मेढक को पकड़ो तो दूसरी उछलकर भाग जाती है।' घासीराम ने रहस्य बताया।

टमटम ने पूछा, 'किसी ने चूहे की चटनी खाई कभी?'

मिनकी उछल पड़ी। कहने लगी, 'चूहे की बात मत करो मुझे डर लगता है।'

टमटम ने छेड़ा। बोली, 'चटनी खाओगी क्या?'

मिनकी चूहे जैसा मुँह बनाते बोली, 'मुझे नहीं खाना चटनी वटनी।'

'चूहे की चटनी खाओगे तो अंगुलियाँ चाटते रह जाओगे। उसे लटक गिलकी की चटनी कहते हैं।' घासीराम ने अपना गुप्त ज्ञान बाँटा।

'मिनकी को घिन होने लगी। 'लटक गिलकी की चटनी आप बना लेती हैं क्या?' मिनकी ने टमटम से पूछा।

'बना तो लेती हूँ मगर गिलकियाँ पकड़ में नहीं आतीं।

सब हँस दिए।

'आपने यह चटनी कहाँ खाई?' टमटम ने घासीराम से पूछा।

'कोलकाता में खाई। वहाँ तो बिल्ली का मुरब्बा भी मिलता है।'

'उस मुरब्बे का नाम क्या है?'

'चार टांग का तरबूज।' घासीराम ने नाम बताया।

भजिए समाप्त हो गए।

प्राध्यापक पटेल भी आ गए। उनके हाथ में समाचार पत्र था। मिनकी ने पूछा, 'आपको सभी दूर ढुन्डा कहाँ छिपकर बैठे थे, भजिए भी खत्म हो गए।' पटेल को संचालन करने की लत है। महाविद्यालय के किसी भी मंचीय कार्यक्रम

का संचालन करने के लिए अड़ जाते हैं। संचालन करने के लिए वे घुटने फोड़ लेते। संचालन करते तो बहुत देर तक बोलते रहते हैं, जैसे मुख्यवक्ता वही हो तथा थोड़ी सी देर में नेता बन जाते हैं, इसलिए कड़कनाथ उन्हें संचालन करने नहीं देते। पटेल सज्जन प्राध्यापक हैं परन्तु संचालन नहीं करने दिया तो दुर्जन बन जाते। पटेल कुर्सी पर बैठते हुए बोले, 'पुस्तकालय में बैठकर शोध पत्र लिख रहा था।'

'हमें भी शोध पत्र लिखना सीखा दीजिए।' घासीराम ने खिड़की में से थूँकते हुए कहा।

'आप प्राध्यापक बन गए और शोध पत्र अभी तक लिखते नहीं आता।' पटेल ने घासीराम को चिढ़ाया।

'लिख तो लेता हूँ पर उसका शीर्षक तय करते नहीं आता।' घासीराम ने सम्भलते हुए कहा।

'शीर्षक तो चलते चलते बन जाता है।'

'कैसे?'

'आप जब शोध पत्र लिखो तो उसका शीर्षक लिखना तू चल मैं आया।'

मिनकी ने हि हि हि किया।

'पटेल सर मजाक मत करो।'

'ऐसा भी लिख सकते हैं, इसकी टोपी उसके सिर।'

टमटम ने दाँत बताए।

'मजाक नहीं सच कह रहा हूँ। आपको शर्म आनी चाहिए प्राध्यापक होते हुए शोध पत्र लिखते नहीं आता।'

मिनकी को भी शोध पत्र लिखते नहीं आता था। 'इस पेपर को अब तक क्यों सम्भाल रखा है?' मिनकी ने समाचार पत्र की ओर देखते हुए पूछा।

'यही तो बताने आया हूँ।' पटेल ने गर्वोक्ति से कहा।

'इसमें कुछ खास है?'

'खास नहीं खजाना है।'

'जल्दी बताओ?' मिनकी ने समाचार पत्र छुड़ाने का असफल प्रयास किया।

'इसमें कहानी प्रकाशित हुई है।'

'किसने लिखी?' टमटम ने झट से पूछा।

'प्राध्यापक द्रोण ने लिखी है।'

द्रोण का नाम सुनते ही तीनों के मुखमण्डल उतर गए। मिनकी को गुस्सा आया, टमटम ने मुँह पिचकाया और घासीराम घबराते हुए बोला, 'ऐसी कहानी तो मैं भी लिख सकता हूँ।'

'चुप रहो सर। आप शोध पत्र तो लिख नहीं सकते, कहानी लिखने चले।' पटेल ने कहा।

घासीराम तम्बाकू मसलकर खाने लगा।

पटेल ने समाचार पत्र आगे बढ़ाते कहा, 'पढ़िए, बहुत अच्छी कहानी है।'

टमटम ने मुँह फेर लिया। बोली, 'द्रोण से तो रोज झाड़ू निकलवाया करो। उनको चपरासी बनने का बहुत शौक है।

मिनकी क्रोधोन्मत बोली, 'मुझे तो द्रोण के नाम से ही घृणा है।'

घासीराम ने भी भड़ास निकाली। कहा, 'किसी दिन द्रोण को मारूँगा।'

पटेल बोले, 'आप द्रोण को मारेंगे?'

'हाँ।'

टमटम ने समर्थन किया, 'हाँ मारेंगे।'

पटेल हँस दिए।

घासीराम ने बकवास करना शुरू किया। बोला, 'मैं हीरो की तरह मारता हूँ।'

टमटम ने तालियाँ बजाईं।

घासीराम की मूर्खता पर पटेल को घिन होने लगी। पूछा, 'आपको फाईटिंग आती है?'

घासीराम ने गप्प मारी, 'असली वाली फाईटिंग आती है।'

टमटम ने समर्थन में टेबल ठोकी।

मिनकी ने चुटकी बजाते पूछा, 'आप एकसाथ कितने लोगों को मार सकते हो?'

'एकसाथ दस लोगों को धूल चटा सकता हूँ।'

पटेल 'फुस्स' करके हँस दिए।

घासीराम ने हवा में हाथ चलाए। बोला, 'देखो मेरे एक्शन।'

पटेल 'यें' करके फिर हँसे।

घासीराम को आता जाता कुछ नहीं था केवल डिंगे हाँकता रहता। बोला, 'मैंने एक बार बीस गुण्डों को पछाड़ा।'

'कहाँ?' टमटम ने आश्चर्य से पूछा।

'मुम्बई में।'

'आप मुम्बई क्यों गए थे?'

'हीरो बनने।'

'तो बने क्यों नहीं?'

उसने बत्ती मारी 'मैंने गुण्डों को मारा तो फिलिम वाले मुझे भी गुण्डा समझ बैठे, इसलिए हीरो नहीं बन पाया।'

पटेल ने हँसी दबाने के लिए मुँह पर हाथ रख लिया। फिर धीरे से बोले, 'आप हीरो जैसे तो दिखते नहीं।'

घासीराम चिढ़ गया। बड़बड़ाया 'मेरी छोड़ो, आप कैसे दिखते हैं ये पूछो।'

टमटम ने पटेल पर कीचड़ उछाला। बोली पटेल सर तो बन्दर के बन्दर दिखते हैं।'

मिनकी बिल्ली जैसी आँखें निकालते बोली, 'पटेल सर का मुँह कुत्ते जैसा है।'

टमटम फूहड़ थी। खड़ी होकर नाचते हुए बोली, 'पटेल तो किन्नर जैसे दिखते हैं।'

घासीराम पके फोड़े जैसा था, जरा सा हाथ भी रख दे तो भड़क जाता। टमटम की आदत फटे पायजामे में टाँग अड़ाने और मिनकी की आदत आधी रोटी पर दाल लेने वाली थी।

पटेल को बहुत बुरा लगा। वे वहाँ से चले गए।

चार

मानमनौती के लिए बीहड़ भूगोल में प्रतिवर्ष पन्द्रह दिनों का मेला लगता है। इन दुर्दिनों लाखों बकरों की निर्विघ्न बलि दी जाती। इस रम्य वनस्थली में संत के समाधि स्थल पर निर्दोष चैपायों की अकुत रक्तधारा बहती। दूर दूर से मनुषराक्षस अंधड़ की तरह अपनी दुर्दमनीय इच्छाओं को पूर्ण करने के लिए मन्नत माँगने आते। मतान्ध लोग कहते हैं बकरों का आश्वासन देकर मन्नत माँगने से मनोकामनाएँ पूर्ण होती हैं। संत बाबा का स्वर्गवास हो गया वे श्रेष्ठ थे, उन्होंने कभी नहीं कहा कि मेरे निधन के बाद मेरे समाधि स्थल पर बकरे मारना और माँस खाना परन्तु कुछ निकृष्ट लोगों की उत्कृष्ट दृष्टि ने पता लगा लिया कि ऐसा करने से ऐसा होगा। इन सड़ेलसट लोगों के मरेलमट विचारों ने भारतीय संतों को इतना गया बीता मान लिया कि बलि देने से वांछित इच्छाएँ पूर्ण करते हैं। जिन संतों ने माँस को मुँह में नहीं रखा और आजीवन अहिंसा का प्रचार करते रहे, उनके निर्वाण के बाद रक्तपिपासु लोग एवं माँस के लौदों के भूखे भेड़िये पशुमुण्डों की दुकान खोल लेते हैं। संतों की समाधि स्थलों पर माँसाहार परोसने में उन महाउत्पाति लोगों का हाथ रहा जो स्वाद और स्वार्थ के चक्कर में निरीह प्राणियों का प्राणान्त करवाते हैं, ऐसे लोगों के मुँह में एक दिन कीड़े पड़ते हैं।

अंटुराग और सुंटील ने योजना बनाई हमें भी मेले में मन्नत माँगकर मनोकामनाएँ पूर्ण करनी चाहिए। दोनों मित्र फटफटी से फटाफट मेले में पहुँच गए। वहाँ जितने वाहन आ रहे थे, उनमें मनुष्य कम बकरे अधिक थे। समाधि स्थल पर एक ओर मन्नत माँगने वालों की अकुत पँक्तियाँ थीं तथा दूसरी ओर बलि देने वालों की हर्षित भीड़भाड़। भीड़ देखकर सुंटील के विचार दो फाड़ होकर दुमुँही बात करने लगे। एक भाग कहने लगा आज रात को ही मन्नत माँग लेनी चाहिए, जबकि दूसरा भाग कल की रट लगाने लगा। अंटुराग ने पारदर्शी निर्णय लिया कि कामचोर लोग बकरों का उत्कोच देकर अपना काम साध रहे हैं तो हमें भी शीघ्रताशीघ्र इस बहते नाले में हाथ धो लेना चाहिए। दोनों आगे निकल गए जहाँ भीड़ नहीं थी।

अंटुराग ने एक पेड़ से पीठ टिका दी। बहुत थक चुका था। पैर पसारते

बोला, 'प्राध्यापक घासीराम बहुत चालू है।'

सामने भी एक पेड़ था। सुंटील ने वहाँ पीठ टिका दी। शोर से सिर भन्ना रहा था। सिर पर टपाटप मालिश करते बोला, 'प्राध्यापिका टमटम भी बहुत गन्दी है।'

अंटुराग लेट गया। एक पत्थर को तकिया बनाते हुए बोला, 'रात को भजन करेंगे।'

सुंटील ने पैरों को मोड़ा, घुटनों को चिबुक से चिपकाते पूछा, 'ढोलक कौन बजायेगा?'

'मैं।'

'मजीरा?'

'तू ठोक लेना।'

'और हारमोनिय पर कौन बैठेगा?'

अंटुराग हँसा। बोला, 'हारमोनियम पर कोई बैठ जायेगा तो वह बजेगा कैसे।'

सुंटील भी हँसा। कहा, 'हँसकर ढीली मत कर यार।'

समाधि स्थल की ओर से एक कुत्ता दौड़ता आया। बैलगाडी के नीचे माटी खरोची, बैठा और जीभ निकालकर हाँपने लगा। बाईं ओर से महिला पुरुष की जोड़ी बाँतें गाठती हुई आ रही थी। अंटुराग को आश्चर्य हुआ ये व्यक्ति कुछ देर पहले अन्य महिला के साथ था, अब इसके साथ घूम रहा। जोड़ी पेड़ो के पास रुक गई। पुरुष ने पूछा, 'ये कुत्ता काटता तो नहीं?

सुंटील ने कहा, 'किसी को काटकर आया है।'

'कुछ क्रियाएँ कर रहा है क्या?'

'बार-बार भौंकता है।'

'और?'

'हाँपता है।'

'और?'

'स्वयं की पूँछ को काटता है।'

'और क्या करता है?'

'गोल गोल घूमता है।'

'और कुछ करता है?'

'नाचता है।'

'ऐसा।'

'नाटक भी करता है।'

'आखिरी में क्या करता है।'

'दाँत बताता है।'

'फिर?'

'फिर काटता है।'

महिला बोली, 'कुत्ता पागल हो गया है।'

उस कुत्ते के पास दूसरा हड्डीफोड़ कुत्ता आया। मुँह में हड्डी दबा लाया और सामने पटक दी। दोनों चाटने लगे। चाटते चाटते दोनों में जाने क्या विचारोत्तेजक बाँतें हुई तो दाँत निकालकर घूर घूर करने लगे। पुरुष ने पत्थर मारा तो भाग गए।

पुरुष ने पूछा, 'आपका शुभ नाम?'

'मेरा शुभ नाम सुनील और अशुभ नाम सुंटील है।'

'और आपका?'

'मेरा नाम अंटुराग है।'

'अंटुराग घंटुराग ये कोई नाम हुआ।'

'ये अशुभ नाम है।

'शुभ नाम बताओ?'

'मेरा शुभ नाम अनुराग है।'

'अब आए लाइन पे।' पुरुष हँसते हुए बोला।

महिला ने पुरुष को आगे चलने का संकेत किया पर पुरुष का मन बाँतों में रम गया।

अंटुराग ने पूछा, 'आप थोड़ी देर पहले जिस महिला के साथ थे, वे कौन थीं?'

पुरुष बोला, 'वह मेरी धर्मपत्नी थी।'

'और ये?'

'ये मेरी अधर्मपत्नी है।'

महिला खे खे खे करके हँसने लगी। दोनों चले गए।

सात बज रहे होंगे। सभी दूर चूल्हे जलने लगे, माँस पकने लगा, दुर्गन्ध उड़ने लगी, माँसाहारियों के लिए सुगन्ध बन गई। सुंटील को यह गंध प्रभावित नहीं कर सकी, जबकि अंटुराग मन्त्रमुग्ध हो गया। सुंटील बोला, 'चल समाधि स्थल पर भजन करेंगे।'

अंटुराग हँसा। बोला, 'भजन को जाने दे भाड़ में अब तो भोजन करेंगे।'

भण्डारा चालू हो गया था। दोनों पंगत में बैठ गए। धूसर बाल वाला दढ़ियल मक्का की दरदरी रोटियाँ और काले बाल वाला मुच्छाड़िया माँस परोसने लगा। भोजन के बाद भजन टाल दिया गया। दोनों तानकर सो गए। रात को अंटुराग को शौच लगी। माँस में मिर्च तेज थी। जैसे तैसे डिब्बे की व्यवस्था की और मेले के अन्तिम छोर पर फलहीन पेड़ के नीचे बैठ गया। एक व्यक्ति इस पेड़ पर चढ़कर देख रहा था कि रात्रि में मेले का दृश्य कैसे दिखता है। थोड़ा खिसका हुआ लग रहा था। अंटुराग को भूत समझ बैठा। अंधेरे में काला काला दिखा। भय के मारे वह हुर्र हुर्र चिल्लाने लगा। अंटुराग की दशा भी बिगड़ गई तो कर्कश आवाज में 'भूत आयो' कहने लगा। पेड़ के ऊपर वाले व्यक्ति की घबराहट में आवाज ऐसी दरकने लगी कि लग ही नहीं रहा था मनुष्य की वाणी है। जानवर जैसे तो चिल्ला रहा था। दोनो महामूर्ख भ्रमवश एक दूसरे को भूत समझकर अपने अपने स्थान पर उछलकूद करने लगे। वह पगला व्यक्ति फिसल फिसलकर हुर्र हुर्र करता नीचे आने लगा तब अंटुराग को भागने की सुध पड़ी। कहीं पकड़ लिया तो चनाचूर गरम मसाला बना देगा। ऐन्डबेन्ड भागा। डिब्बा कहा गिर गया, पेन्ट कहाँ रह गया, उसे कुछ भान नहीं रहा। पेड़ के ऊपर वाला व्यक्ति भी नीचे आ टपका। हुर्र हुर्र करता उसके गाँव की ओर भाग गया। अंटुराग अर्द्धमूर्छित अवस्था में रातभर 'भूत आयो' बकता रहा।

सुबह की आठ बज रही थी। बकरों की बो बो आवाज चतुर्दिक गूंजने लगी। अंटुराग अभी तक औंधा सोया हुआ था, क्योंकि उसे सुबह सुबह नींद चिपकी थी। सुंटील जाग गया था। समाधि स्थल पर मुक्तकण्ठ से धड़ाधड़ मन्नतें माँगना शुरू हो चुकी थीं।

सुंटील ने जँभाई ली। अंटुराग को हिलाते हुए बोला, 'भूत महाराज उठो, मन्नत माँगनी है या नहीं। आवंटन खत्म हो जाएगा।'

अंटुराग मिचमिची आँखों से देखने लगा। आँखें मलते बोला, 'हाँ पता नहीं इस वर्ष कितना भण्डार है।'

अंटुराग ने अँगोछा लपेट लिया। उन्नीद्र लग रहा था। दोनों पानी के टेकरों की ओर जाने लगे। सुंटील ने पूछा, 'सही बता तूने भूत देखा?'

'हाँ।' अंटुराग ने कहा।

'कैसा था?'

'काला।'

'शरीर कैसा था?'

'हड्डियों का ढाँचा।'

'सिर कैसा था?'

'एकदम खोपड़ी।'

'पैर?'

'पंजे पीछे एड़ियाँ आगे थीं।'

'वह कुछ बोला?'

'हुर्र हुर्र बोल रहा था।'

'हुर्र हुर्र का अर्थ क्या होता होगा?'

'यही होता होगा कि मैं तुझे खाऊँगा।'

मटिले पानी से हाथ मुँह धोए। समाधि स्थल की ओर जाने लगे। पहले की अपेक्षा भीड़ और बढ़ गई थी। दस बारह बरस का बालक भी मन्नत माँगने के लिए पँक्ति में खड़ा था। सुंटील बोला, 'ये पचास ग्राम का बटखरा भी आ गया।'

अंटुराग लम्बवत दृष्टि से पँक्ति में खड़े लोगों का निरीक्षण करने लगा। मूल्यांकन प्रस्तुत किया, 'साले सब रद्दी पटाखे ही हैं।'

सुंटील ने कम वस्त्र पहनी युवती की ओर संकेत करते कहा, 'एटम बम भी है।'

पँक्ति के अन्त में पुछल्ले की भाँति खड़े हो गए।

समाधि स्थल पर अद्यतन भीड़भाड़ थी। जिनको लगा कि मन्नत सफल हो गई, जबकि वह कार्य अन्य प्रयोजन से सिद्ध हुआ, ऐसे भुक्खड़ बकरा चढ़ाने आए, जिनको मन्नत माँगनी थी वे घुमक्कड़ घूमने आए और जिनकी मन्नत स्वीकृत नहीं हुई, वे लोग स्मरण दिलाने आए कि पाँच बकरे और ले लेना पर

इस बार काम हो जाना चाहिए ताकि हम भी बलि देकर निर्दोषों की हत्याओं में भागीदारी निभाएँ तथा पुण्यलाभ लें। प्रांगण में घोषणाएँ की जा रही थीं कि अलाने की मन्नत स्वीकृत हुई, उपहार में दस बकरों की बलि देंगे, फलाने ने मन्नत माँगी है स्वीकृत होने पर बीस बकरों की बलि देंगे।

एक कर्मचारी ने छकाते हुए सस्ते में निपटाने वाली मन्नत माँगी, 'बाबा, मेरी पदोन्नति हो जाए तो तीन बकरे चढ़ाऊँगा।' सस्ते में इसलिए कि पदोन्नति के लिए घूसखोरों ने एक लाख रुपये माँगे थे, जबकि यहाँ पन्द्रह हजार में काम निपट रहा हो तो कोई घूस क्यों दे।

पँक्ति में द्युतक्रीड़ा के खिलाड़ी भी खड़े थे। उनकी असुझ धारणा थी मन्नत माँगने से बाबा सपने में सट्टे के अंक बता देते हैं। दो चार लाख का सट्टा खुल जाता है। पीछली बार एक सटोरिये ने मन्नत माँग ली, घर चला गया, शीघ्र सो गया सपना आएगा, सपना आया, सपने में एक साथ पाँच गधे दिखे, सुबह उठा सट्टा लगाने गया, इक्के से पँजा पचास हजार का ठोक आया, उसका बंटाधार हो गया, क्यूँकि इक्के से पंजा तो नहीं आया, उसके स्थान पर मिन्डी से मिन्डी आ गई।

द्युतक्रीड़ा के एक कीड़े ने मन्नत माँगी। हाथ जोड़कर बोला, 'बाबाजी, मेरा एक लाख रुपये का सट्टा खोल दीजिए। पच्चीस हजार रुपये के बकरे चढ़ाऊँगा। स्वप्न में सट्टे के अंक बता दीजिए।' उसने मन्नत माँगी और एक पेड़ के नीचे जाकर सो गया ताकि सट्टे का स्वप्न आ जाए।

इधर मन्नतें माँगी जा रही थीं तो उधर अन्धाधुंध बकरे मारे जा रहे थे।

उच्चशिक्षित युवती का क्रम आया। उसने इतने कम कपड़े पहन रखे थे कि कपड़ों को भी लज्जा आ रही थी। देह उघाडू फैशन से लब्ध युवती ने मन्नत माँगी। बोली, 'मुझे हीरोइन बना दीजिए पाँच बकरे चढ़ाऊँगी।'

एक अनघड़ स्त्री ने मन्नत माँगी। बोली, 'मेरा पति मर जाए तो दस बकरे चढ़ाऊँगी। मुझे प्रतिदिन मारता है।'

जिंस टिशर्ट पहने लड़के ने मन्नत माँगी, 'जूही को कई दिनों से प्रपोस कर रहा हूँ, वो मेरा प्यार एक्सेप्ट नहीं कर रही। बाबा, मेरी सेटिंग जमवा दीजिए। दो बकरे चढ़ाऊँगा।'

सुंटील और अंटुराग धीरे धीरे बातचीत करने लगे। सुंटील बोला, 'हमने

कालेज में प्रदूषण किया था।'

अंटुराग ने समझाया 'प्रदूषण नहीं प्रदर्शन किया था।'

'हाँ, वहीं सुंटील आगे बोला, 'तुमने क्या किया?'

'हमने दिमाग चाटा।'

अधेड़ ने मन्नत माँगी। बोला, 'खेत में कुआँ खोद रहा हूँ। पानी नहीं निकल रहा। पत्थर निकल रहे हैं। पानी निकल आएगा तो पाँच बकरे चढ़ाऊँगा।'

वृद्धा मन्नत माँगने लगी। बोली, 'बहू रोटी नहीं देती, गालियाँ देती है, उसे पागल कर दो, एक बकरा चढ़ाऊँगी।'

नेता ने सिर झुकाया। मन्नत माँगी, 'चुनाव जीतवा दीजिए। बीस बकरों की बलि दूँगा।'

किसान आगे आया। हाथ जोड़कर मन्नत माँगने लगा। कहा, 'हर बरस फसल बिगड़ जाती है। यूरिया डाल डालकर परेशान हो गया हूँ। फसल की उपज ठीक रही तो पाँच बकरे चढ़ाऊँगा।'

व्यापारी ने मन्नत माँगी। कहा, 'हर वस्तु में मिलावट करके अच्छा खासा पैसा कमाता हूँ किन्तु बरकत नहीं रहती। जितना कमाता हूँ उससे ज्यादा तो वापस चला जाता है। घर में बरकत ला दो। बीस बकरे चढ़ाऊँगा।'

दोनों पँक्तियाँ खचाखच भरी थीं। सभी धीरे-धीरे आगे बढ़ रहे थे। केकड़े जैसा एक व्यक्ति बार बार बोल रहा था, 'मैं शुद्ध शाकाहारी हूँ।'

सुंटील से रहा नहीं गया। पूछा, 'शाकाहार में आपकी प्रिय वस्तु क्या है?'

वह वाकपटु खुजली करते बोला, 'खाने वाली बताऊँ या पीने वाली?'

'पहले पीने वाली बताओ?'

'बीड़ी, सिगरेट, दारू, और गांजा मेरी प्रिय वस्तु है।'

'अब खाने वाली बताओ?'

'भांग, चरस, और तम्बाकू प्रिय लगती है।'

सुंटील हँस दिया। अंटुराग धीमे से बोला, 'ये नमूना सबसे अलग ही है।'

एक अधेड़ महिला ने मन्नत माँगी। कहने लगी, 'मेरा पति चरित्रहीन है। दूसरी महिलाओं के पीछे पड़ा रहता है। उसकी हत्या करवा दीजिए। पच्चीस बकरे चढ़ाऊँगी।'

एक व्यक्ति चिढ़ गया। कड़क वाणी में बोला, 'मन्नत माँगने आई हो या

सुपारी देने। बाबा को गुण्डा समझ रखा है क्या।'

महिला नीचा सिर किए आगे चली गई।

अंटुराग और सुंटील को उबाहट होने लगी थी, खड़े खड़े बहुत देर हो गई। अंटुराग को लघुशंका लगी पर जा नहीं रहा था, इस स्थान पर दूसर आ गया तो फिर से पुछल्ला बनना पड़ेगा। कुछ देर बाद पेट भी गुड़गुड़ाने लगा। मुँह पिचकाया कि ये लो दूसरी आपदा भी तैयार। इधर उधर दृष्टिपात किया कहीं डिब्बा दिखे तो पानी भरकर ले जाऊँ। उसने सुंटील से कहा, 'दुक्की करने जा रहा हूँ।' और वह पँक्ति से बाहर हो गया।

अब एक वृद्ध ने मन्नत माँगी। पोपले मुँह से बोलने लगा, 'बाबा, मेरा लड़का चोरी करता है। उसे जेल हो गई। कारावास से छुड़वा दीजिए पाँच बकरे चढ़ाऊँगा।'

युवक मन्नत माँगने लगा। हाथ जोड़े माथा टेका फिर बोला, 'मेरी नौकरी नहीं लग रही। अच्छी नौकरी लग जाएगी तो दस बकरों की बलि चढ़ाऊँगा।'

'चोर ने मन्नत माँगी। बोला, 'अभी तक छोटी छोटी चोरियाँ कीं। अब सोने की दुकान पर चोरी करने वाला हूँ। चोरी सफल हुई तो तीस बकरे चढ़ाऊँगा।'

अब एक ईर्ष्यालु आगे आया। कहने लगा, 'मेरा पड़ोसी मुझसे ज्यादा उन्नति कर रहा है। बहुत पैसा जमा कर लिया। उसकी मृत्यु हो जाए जो पचास बकरों की बलि दूँगा।'

अंटुराग अभी तक आया नहीं । सुंटील की जान निकली जा रही थी। अंटुराग का स्थान रोक रोककर लोगों की घुड़कियाँ सुन सुनकर पक गया। एक अकडू व्यक्ति खाली स्थान में घुस गया, निकलने का नाम ही न ले, तब सुंटिल ने चमकाया, 'यहाँ से हट जा नहीं तो तेरे मरने की मन्नत माँग लूँगा।' यह सुन वह व्यक्ति झट से दूर हो गया।

अंटुराग सारी बाँधाओं को लांघकर अन्ततः वापस आ ही गया। सुंटील की जान में जान आई। अंटुराग ने गमछा सम्भालते कहा, 'मेरी फाइल उलझ गई थी।'

सुंटील एक पग आगे बढ़ाते बोला, 'और रात को फाइल अटक गई थी।'

अंटुराग को अंगोछे में देखकर एक मन्नत धारी ने पूछा, 'तुम्हारा पेन्ट कहाँ है?'

अंटुराग ने बात का बतंगड़ बनाया। बोला, 'भूत को दे आया।'

'अच्छा तुम्हीं को रात में भूत ने पकड़ लिया था।'

'मुझे खाक पकड़ेगा, मैंने उसे पकड़ लिया था।'

'क्या हुआ था?'

'हम दोनों कुश्ती लड़े थे।'

'उसने तुम्हें चित्त कर दिया होगा?'

'नहीं। मैंने उसे उठाकर दचक दिया।'

'तुम उसके पास क्यों गए थे?'

'चोटी काटने।'

'काट लाए।'

'नहीं। उसकी लंगोटी छुड़ा लाया।'

'लंगोटी दिखाओ।'

'नहीं दिखाऊँगा। सबको दिखाने से शक्ति नष्ट हो जाती है।'

'तुम्हारे पेन्ट का क्या हुआ?'

'भूत गिड़गिड़ाने लगा कि नंगा पुंगा घर कैसे जाऊँगा तो मैंने उसको अपना पेन्ट दे दिया।'

सुनने वाले दंग रह गए।

समाधिस्थल के दूसरी ओर अन्धाधुंध बकरे मारे जा रहे थे। लोगों का कहना था हमारी मन्नत पूर्ण हो गई। यह बात अलग है कि मनोकामनाएँ बाबा द्वारा पूरी हुई या उनके अन्य कारण थे। बकरों की बलि से धरती रूधिराक्त हो रही थी। नियम था कि जिसकी मन्नत पूर्ण हुई वह बखान करेगाा कि मेरी यह मन्नत पुरी हुई। रक्तरंजित स्थान पर एकैक श्रृद्धालु आकर बात उजागर करता कि मेरी उक्त मन्नत पूर्ण हुई, अब इतने बकरों की बलि दे रहा हूँ।

टोपी पहना अधेड़ सामने खड़ा हो गया। बहुत देर से यत्न कर रहा था, अब अवसर हाथ लगा। मुँह में तम्बाकू ठूँस ठाँस रखी थी। दस बकरे लेकर आया। बकरों के गले की रस्सियाँ रिश्तेदारों के हाथ में थमा रखी थी। बगुलाते हुए बोलने लगा, 'मेरा पड़ोसी बहुत परेशान करता था। पिछले बरस बाबा से मन्नत माँगी कि उस दुष्ट से छुटकारा मिल जाए तो दस बकरे चढ़ाऊँगा। दो महीने, पहले वह ट्रक दुर्घटना में मर गया।' वधिकों ने बकरों के सिर अलग कर दिए।

अब सावले रंग का थुलथुल युवक तोंद खुजलाते भिड़ में से प्रकट हुआ। काले रंग का ऐनक लगा रखा था। ऊपर टिशर्ट नीचे जिंस फँसा रखा था। सामने से पोस्ट आफिस खुली थी। अपनी मन्नत की अवैध गाथा बताने लगा। बोला, 'बात यह है कि मेरा विवाह होने के छः महीने बाद साली पसन्द आ गई। घरवाली को भनक लग गई कि मैं साली पर पैसा उजाड़ रहा हूँ, तब वह टांग अड़ाने लगी। हमारी रोज खटपट होने लगी। पिछले साल मैंने मन्नत माँगी थी कि घरवाली से छुटकारा मिल जाए तो पन्द्रह बकरों का भोग लगाऊँगा। गजब चमत्कार हुआ। घरवाली का ऐसा दिमाग खराब हुआ कि केरोसिन छिड़क कर जल मरी। दो महीने बाद मैं साली को ले आया।'

एक वृद्धा धीमे से बोली, 'इसकी मन्नत क्या खाक पूरी हुई, इस टट्टपुंजे की करतूत से बापड़ी मर गई।'

मन्नत माँगने वाली पँक्ति में अब सुंटील का नम्बर लगा। पहले तो उसने हाथ जोड़े फिर गोल गोल घूमा फिर मन्नत माँगी। बोला, 'बाबाजी, प्राध्यापक घासीराम मर जाए तो पाँच बकरे चढ़ाऊँगा।'

अब अंटुराग की बारी आई। माथा टेका फिर हाथ जोड़कर बोला, 'बाबाजी, प्राध्यापिका टमटम के मुँह में कीड़े पड़ जाए तो चार बकरों की बलि चढ़ाऊँगा।'

पाँच

झामरा को भजिये लेने भेजा था। मार्ग में विक्षिप्त कुत्ता काटने दौड़ा। वह भजिये फेंककर महाविद्यालय की ओर चौकड़ी भरकर भागा। आधे घण्टे बाद वापस उस स्थान पर निरीक्षण करने गया जहाँ पर उसे कुत्ता काटने दौड़ा था और भजिये फेंक आया था। उस स्थान की बहुत बारिकी से जाँच की, पंचनामा बनाया और तीन चार गवाहों से पूछा भी यहाँ भजिये पड़े हुए देखे। गवाहों ने साफ साफ गवाही दे दी कि सारे भजिये कुत्ते खा गए। घासीराम ने झामरा को बहुत डाटा।

बन्टा बाबू अभी तक महाविद्यालय नहीं आए। किसी ने बताया कि उन्होंने तो आज सुबह से चढ़ा ली थी। महाविद्यालय आ रहे थे पर अधिक चढ़ जाने के कारण चौपाटी पर ही औंधे हो गए। कड़कनाथ ने झामरा और टूटला को पहुँचाया बन्टा बाबू को उठाकर ले आओ।

काबर्या पन्द्रह सोलह छात्राओं को लेकर झाड़ के नीचे बैठा था। वह छात्राओं को प्रेम के विषय में बता रहा था। प्रेम कैसे किया जाता है, प्रेम कहाँ दिखता है, इस जीवन में सभी ने प्रेम करना चाहिए। अब मेरी आँखों में देखो प्रेम दिख रहा है या नहीं। छात्राओं काबर्या की आँखों में देखने लगीं। काबर्या ने खुजली करके सूँघा।

आज कड़कनाथ ने चार दिन पहले सभी प्राध्यापकों को डाटा मुझे कोई भी नमस्ते नहीं करता। मैं प्राचार्य हूँ। विधायक से मेरा सिधा सम्पर्क है। तुम सब जानवर हो। मुझे नमस्ते किया करो। जिसने मुझे नमस्ते नहीं किया, उसकी सर्विस डायरी बिगाड़ दूँगा। सर्विस डायरी बिगाड़ने की धमकी से प्राध्यापक भयभीत थे। कड़कनाथ ग्रन्थालय के पास खड़ा था। जिसने भी देखा उसने नमस्ते किया। प्राध्यापक पटेल ने कहा, 'नमस्ते सर।'

कड़कनाथ बोला, 'नमस्ते।'

प्राध्यापक कुलकर्णी बोले, 'नमस्ते सर।'

कड़कनाथ मुन्डी हिलाता बोला, 'नमस्ते।'

प्राध्यापक घासीराम ने भी अभिवाद किया, 'नमस्ते सर।'

'नमस्ते।'

तोमर बेनजी बोली, 'नमस्ते सर।'

'नमस्ते।'

ठाकुर ने भी कहा, 'नमस्ते।'

अब कड़कनाथ भड़क गया। पूरा शरीर कड़क कर लिया और कड़क वाणी में चिल्लाया, 'चुप हो जाओ। नमस्ते बोल बोलकर मेरा मुँह दुख आया। एकसाथ नमस्ते करते हो, तुम तो जानवर हो जानवर। इतना कहते हुए क्रोध में प्रयोगशाला की ओर चला गया।

आज स्वच्छता अभियान था। महाविद्यालय के आसपास दो तीन बड़े-बड़े मैदान थे, उन्हें स्वच्छ करना था। अभी तक किसी ने सुध नहीं ली थी कि इन्हें साफ सुथरा करें। एक दिन द्रोण ने विद्यार्थियों से कहा, 'प्राचार्य महोदय से कहो कि इन मैदानों को स्वच्छ करना है।' विद्यार्थी प्राचार्य के पास गए और आज का दिन निर्धारित करवाया।

द्रोण ने सबको सावधान किया, 'कचरे में एकदम हाथ न डालें पहले लकड़ी से देखें उसके बाद उठायें, निचे साँप बिच्छू हो सकते हैं।' विद्यार्थी इस शुभान्वित कार्य को तल्लीनतापूर्वक करने लगे। प्राध्यापकों में केवल द्रोण ही इस कार्य में हाथ बटा रहे थे, शेष तो विद्यार्थियों के आगे पीछे घूम रहे थे। घासीराम, टमटम और मिनकी मुँह बिदकाने लगे। उनके दिमाग की गंदलाई पोटली में बहुत सारे सड़े-गले उपाय थे कि इस कार्य को कैसे रोका जाय। चयन करने लगे कि कौन सा गड़बड़झाला उपयुक्त रहेगा। चार चार पाँच पाँच की टोलियों में विद्यार्थी विभक्त हो गए और सभी दूर फैल गए।

पटेल संचालन करने के लिए तड़प रहे थे। वे कहने लगे, 'आज इतना बड़ा स्वच्छता अभियान है और बिना संचालन से ही कार्य प्रारम्भ कर दिया। सभी लोग एक स्थान पर एकत्र हो जाओ तो मैं संचालन करके भूमिका द्वारा बता दूँगा कि साफ सफाई कैसी और क्यों करनी चाहिए।' पटेल की बात पर किसी ने ध्यान नहीं दिया तो वह भी चुपचाप सफाई करने लगे।

अकस्मात विमान की आवाज आई और विद्यार्थी कौतूहलपूर्वक ऊपर देखने लगे। विमान चला गया। मानस के मन में प्रश्न जागरित हुआ। पूछा, 'बताओ सबसे पहले विमान किसने बनाया?'

सब एक दूसरे का मुँह ताकने लगे। काम भी हो रहा था और बातें भी। अवि बोला, 'राईट्स बन्धुओं ने।'

‘एकदम सही बताया।’ मानस ने कहा।

द्रोण एक बोरी में पोलिथिनों को भर रहे थे। इस प्रश्नोत्तर को सुन लिया। बोले, ‘गलत उत्तर दिया है।’

मानस ने पूछा, ‘कैसे?’

अवि ने कहा, ‘सर, हमें सही उत्तर बताइए।’

द्रोण ने अवि की ओर देखा। बोले, ‘तुम लोगों को सही जानकारी नहीं है, इसमें तुम्हारा दोष नहीं।’ फिर सभी की तरफ देखकर बोले, ‘यही पढ़ाया जा रहा है और दुनिया भी यही कहती है, लेकिन सच कुछ ओर है।’

द्रोण उनके प्रेरणापुंज थे। विद्यार्थी उनकी बाँतें टालते नहीं थे, गम्भीरता से ग्रहण करते थे। श्रेष्ठा ने कहा, ‘हमें तो विद्यालय महाविद्यालय में यही पढ़ाया।’

श्रेष्ठा पोलिथिन उठाते बोली, ‘टमटम मेडम भी यही कहती है।’

द्रोण के मुखमण्डल पर हल्का सा क्रोध प्रकट हुआ। कहने लगे, ‘हमारी उपलब्धियाँ अंग्रेजों द्वारा दबा दी गईं।’

कृति स्तब्ध रह गई।

मानस ने पूछा, ‘सही बात क्या है?’

द्रोण बोले, ‘आधुनिक विमान के निर्माता श्री शिवकर बापूजी तलपदे हैं।’

अवि को आश्चर्य हुआ।

श्रेष्ठा ने पूछा, ‘शिवकर जी क्या करते थे?’

‘वे बम्बई स्कूल ऑफ आर्ट्स के अध्यापक थे।’

‘किसी के साथ मिलकर बनाया था या स्वयं ने ही बनाया था?’

‘उन्होंने उनकी विदुषी पत्नी के सहयोग से विमान बनाया था।’

‘इस बात का कोई प्रमाण?’

‘बड़ौदा के राजा सयाजी राव गायकवाड़ की उपस्थिति में इस विमान का प्रदर्शन मुम्बई में किया गया था।’

‘अन्य कोई साक्षी भी होंगे?’

‘इस विमान को महादेव गोविन्द रानाडे ने भी देखा था।’

‘फिर?’

‘इसी बीच शिवकर जी की पत्नी का निधन हो गया।’

‘हे भगवान!’

'काम ठप्प पड़ गया।'

'आगे क्या हुआ?'

'बाद में शिवकर जी का भी देहान्त हो गया। फिर वह माडल ब्रिटिश फर्म 'रैली ब्रदर्स' के हाथ लग गया।'

'तात्पर्य यह कि हमारा देश विमान का अविष्कारक है।'

'हाँ।'

सभी के मुखमण्डल पर गौरव का भाव दिखने लगा।

अवि के हाथों में पोलिथिने थीं। बोरी में डालते हुए पूछा, 'यह जानकारी हमारे पाठ्यक्रम में क्यों नहीं है?'

मानस ने बात आगे बढ़ाई, 'नहीं है तो सम्मिलित करनी चाहिए।'

'यह आधुनिक विमान की बात कही लेकिन प्राचीनकाल में भी विमान का अविष्कारक भारत ही था।' द्रोण ने कहा।

द्रोण ने डन्ठलों को टोकरे में डाला। बोले, 'अब प्राचीन विमानों के बारे में सुनो।'

श्रेष्ठा ने टोकरे को पत्तियों के पास खींचा। पूछा, 'क्या पहले भी विमान हुए हैं?'

'हाँ हुए हैं।'

'उनका अविष्कारक कौन था?'

'हमारा भारत देश। वेदों में विमान निर्माण के बीज मन्त्र हैं।'

श्रेष्ठा और कृति का मुखमण्डल चमकने लगा।

'महर्षि भारद्वाज ने 'यन्त्र सर्वस्व एवं 'अंशुबोधिनी' नामक ग्रन्थों में विमान बनाने की विधियाँ लिखी हैं।'

'क्या ये ग्रन्थ अभी भी हैं?' कृति ने पूछा।

'हाँ, हैं।'

'इन ग्रन्थों में क्या लिखा है?' श्रेष्ठा ने पूछा।

'इनमें बिजली, अग्नि, जल, वायु, धुएँ, तेल, सूर्य, रस्मियों, चुम्बक एवं चन्द्रकान्त मणियों से चलने वाले विमानों की विधियाँ हैं।'

'अरे बाप रे! हमारा देश विज्ञान में इतना आगे था।'

'हाँ।'

मानस और अवि भी आश्चर्य करने लगे।

टोकरे को उठाया, कोने में ले जाकर औंधा कर दिया और पत्तियों में आग लगा दी। पत्तियाँ और डन्ठल भ्स्मीभुत होने लगे।

मानस ने पूछा, 'प्राचीन विमान आज के विमान जैसे थे या इनसे भी अच्छे थे?'

'इनसे भी अच्छे थे। उन्हें हवा में स्थिर भी रखा जा सकता था।'

'इतने बढ़िया!'

'वे बिना मुड़े पीछे की ओर भी चल सकते थे।'

अवि के मुँह से, 'वाह वाह' निकलने लगा।

'उनमें ऐसे यंत्र लगे होते थे कि शत्रु के विमान की बाँतें सुनी जा सके।'

'ओहो' कहते हुए श्रेष्ठा उछल पड़ी।

'विमान में लगे रूपाकर्षण यंत्र द्वारा शत्रु विमान में कौन कौन और कितने व्यक्ति बैठे हैं देख लेते थे।'

गर्व से अवि का सीना फूल गया।

'शत्रु विमान पर आक्रमण करने के साधन भी गजब के थे।'

'कैसे?'

'शत्रु विमान में बैठे लोगों को अचेत कर देने वाले यंत्र भी लगे होते थे।'

'वाह ! सर्वश्रेष्ठ तकनीकी थी।' कृति ने कहा।

'विमान में लगे अपस्मार यंत्र द्वारा विषैली गैस भी छोड़ी जाती थी।'

'गजब !' मानस ने कहा।

'तमोगर्भ लोह धातु से विमान दिखाई नहीं देता था।'

श्रेष्ठा ने एक हाथ ऊपर उठाया। बोली, 'मेरा भारत महान है।'

'धारा नगरी के राजाभोज ने भी विमान बनाने की विधियाँ बताई हैं।'

'विमान बनाने के और भी प्राचीन ग्रन्थ होंगे?'

'हाँ। वाचस्पति ने यान बिन्दु लिखा है, गर्ग ने यंत्रकल्प लिखा, धुण्डीनाथ ने व्योमयानार्क प्रकाश का सृजन किया था, खेटयान प्रदीपिका नामक ग्रन्थ के रचयिता चाक्रायणी हैं, विमान चन्द्रिका के रचयिता नारायण हैं और शौनक ने व्योमयान तंत्र नामक ग्रन्थ लिखा था।'

कड़कनाथ कार्यालय में ही था और मिनकी का मार्ग देख रहा था ताकि

जीव विज्ञान पर चर्चा हो सके। मिनकी मैदान में थी तथा झाँकी जमाने का मुड़ बना रही थी। एक हाथ कमर पर और दूसरे हाथ से संकेत करते हुए जोर जोर से कहने लगी, 'तुम लोग सदा उल्टा काम करते हो। मैं कहती हूँ निकम्मो तुम्हें अक्क़ल कब आएगी?'

सभी विद्यार्थी मिनकी को देखने लगे।

मिनकी आगे बोली, 'हम लोग साफ सफाई करने की औपचारिकता निभा रहे हैं और तुम तो सही में सफाई करने लग गए।'

अरविन्द गड्ढे के पास खड़ा था। जोर से बोला, 'क्या बात है डेबरी मौसी।'

मिनकी के नथुने फूल गए। फुफकारते हुए कहा, 'तेरा मुँह तोड़ दूँगी। डेबरी मौसी कहता है सूअर के।'

विद्यार्थी हँसने लगे।

मिनकी का पेट बड़ा था इसलिए विद्यार्थी उसे डेबरी मौसी कहते थे। अन्य विद्यार्थी जहाँ चोरी छिपे बोलते थे, वहीं अरविन्द मुँह पर बोल देता था। वह फिर बोला, 'सभी कहते हैं।'

मिनकी की साँस तेज हो गई। उसके अन्दर बवन्डर आ गया। कहने लगी, 'कौन कौन कहता है नाम तो बता?'

'अरविन्द छात्र नेता था। किसी से डरता नहीं था। बोला, 'पूरा कॉलेज कहता है।'

'मुझे तो सभी मेडम कहते हैं।'

'मुँह पर मेडम और पीठ पीछे डेबरी मौसी कहते हैं।'

'डेबरी मौसी का अर्थ समझता है?'

अरविन्द ने निस्संकोच कहा, 'इसका अर्थ होता है बड़े पेट वाली मौसी।'

सभी विद्यार्थी इधर ही देख रहे थे।

'मेरा पेट बड़ा है तो डेबरी मौसी कहोगे?'

'हाँ, डेबरी मौसी।

मिनकी को काटो तो खून नहीं। मल्लयोद्धा की तरह दाहिनी जंघा ठोककर कहने लगी, 'आ जाओ मैदान में देखती हूँ किसमें है दम।'

द्रोण को यह क्रिया अटपटी सी लगी।

एक छात्रा बोली, 'डेबरी मौसी।'

सभी छात्राएँ हँसने लगीं।

मिनकी का मुँह लाल हो गया। तमतमाते हुए बोली, 'कौन बोली ओ तू?'

फिर तीन चार आवाज आई, 'डेबरी मौसी।'

गड्ढे के पास से एक विद्यार्थी चिल्लाया, 'डेबरी मौसी।'

भित्ती के पास से एक छात्रा बोली, 'डेबरी।'

खम्बे के पास वाला विद्यार्थी चिल्लाया, 'डेबरा डेबरी।'

पेड़ के पास वाली छात्रा चिल्लाई, 'मौसा मौसी।'

बीच मैदान से एक चिल्लाया, 'डेबरी मौसी।'

विद्यार्थियों को खूब मजा आया। विद्यार्थी इतने अमर्यादित और अनुशासनहीन तो नहीं थे किन्तु मिनकी के चरित्र के बारे में सभी जानते थे, अतएव उसका सम्मान नहीं करते थे। प्राध्यापकों ने विद्यार्थियों को डाँटा तब चुप हो गए। मिनकी की इज्जत की धज्जियाँ उड़ गई। निर्णय लिया कि अब यहाँ अपनी दाल नहीं गलेगी, खिसकने में ही लाभ है। इससे अच्छा यह है कि प्राचार्य के पास चलो, वहाँ कोई नहीं होगा, ढंग से जीव विज्ञान पर चर्चा हो सकेगी। वह वहाँ से चली गई।

उधर बन्टा बाबू की दारू उतर गई तो वहाँ वापस पीने चला गया। पोलिथिने साफ कर दीं। अब घासफूस साफ करने लगे। इस टोली ने यह तय किया पत्तियों को टोकरे में भरकर कोने में ले जाएँगे और आग लगा देंगे। कचरा जलकर राख हो गया था। द्रोण ने कहा, 'पत्थर माटी डालकर गड्ढे को बुर देते हैं।' सभी ने मिलकर गड्ढा बुर दिया।

अवि बहुत देर से मौन था। उसने पूछा, 'क्या प्राचीन भारत में बम और मिसाईल हुए हैं?'

'हाँ।'

'कोई प्रमाण?'

'महाभारत युद्ध में परमाणु बम एवं मिसाईलों का प्रयोग हुआ था।'

अवि ने फिर पूछा, 'तोप किसने बनाई?'

'तोप का निर्माता भी भारतवर्ष है। तोप को उस समय शतघ्नी कहते थे। महाभारत में इसका प्रयोग हुआ था।'

श्रेष्ठा और कृति को भारत देश की प्राचीन विद्या पर गर्व हुआ। अवि सोचने

लगा कि हमारा देश विज्ञान के क्षेत्र में कितना आगे था। मानस जान गया कि हमारे पूर्वज महान थे।

द्रोण ने लोगों की हीन मनोवृत्ति का उल्लेख किया। बोले, 'कुछ लोग ऐसे भी हैं जो इस बात को नहीं मानते।'

'क्यों?'

'क्योंकि उन्हें विश्वास नहीं होता कि भारत ऐसा भी था।'

'इतने प्रमाण देने के बाद भी !'

'हाँ। ऐसे लोग हीनता ग्रन्थी से ग्रसित हैं।'

'क्यों?'

'उनके अन्दर यह बात घर कर गई भारत देश विश्व में पिछड़ा हुआ था।'

श्रेष्ठा ने अपने सिर पर अँगुली रखी और बोली, 'ऐसे लोग मूर्ख और अज्ञानी होते हैं।'

इधर मैदान में साफ सफाई चल रही थी और उधर प्राचार्य कक्ष में जीव विज्ञान पर चर्चा पुरजोर से चल रही थी। झामरा फिर से भजिए ले आया तो घासीराम और टमटम खाने लगे।

दूसरे दिन द्रोण महाविद्यालय नहीं आए। विद्यार्थी प्रतीक्षा करते रहे। कोई सूचना भी नहीं मिली। शाम को मानस और अवि कमरे पर गए तो ज्ञात हुआ द्रोण अस्वस्थ्य हैं। ज्वर से पीड़ित हो गए। दोपहर को चिकित्सालय गए थे। दोनों सेवा शुश्रूषा में लग गए। मानस बर्तन माँजने लगा, अवि ने झाड़ू निकाली और दूध लेने चला गया। बर्तन साफ कर दिए गए थे। बाहर साइकिल की खड़खड़ ध्वनि आई। 'अवि आ गया' मानस ने द्रोण से कहा, 'उसकी खटारा साइकिल की आवाज से ही पता चल जाता है।'

अवि हाथ में स्टील का डिब्बा लेकर दहलीज पर रुक गया। द्रोण ने पूछा, 'इसमें क्या ले आए?'

'दूध लाया हूँ।' अवि चप्पल उतारते बोला।

'इस थैली में क्या लाया?' मानस ने पूछा।

'दूकान से बादाम भी ले आया हूँ।'

अवि ने दूध गर्म किया। दूध का गिलास द्रोण के पास रख दिया। बोला, 'यह लीजिए दूध।'

‘दूध ठण्डा हो तब तक बादाम खाइए।’ मानस ने द्रोण को बादाम देते हुए कहा।

अवि पास में बैठ गया। बोला, ‘ओखली नहीं दिखी इसलिए दूध में बादाम नहीं डाली।’

द्रोण का ज्वर उतर गया था, सिर में थोड़ी सी पीड़ा थी। कहा, ‘व्यर्थ में तुम लोगों को कष्ट दे रहा हूँ।’

मानस तपेली माँजने लगा। बोला, ‘कोई कष्ट नहीं। आज तो आपके लिए भोजन भी बनायेंगे।’

थोड़ी देर बाद द्रोण ने गुनगुने दूध के साथ गोली भी खा ली। झाड़ू, बर्तन और पोछा लगाने के बाद भोजन बनाना शेष था। मानस ने कहा, ‘मैं आटा गूंथता हूँ तुम सब्जी ले आओ।’

द्रोण ने पर्स की ओर हाथ बताते कहा, ‘पैसे लेते जाओ।’

अवि जाते जाते बोला, ‘मेरे पास हैं।’ वह सब्जी लेने चला गया।

मानस आटा गूंथने के लिए पानी निकालने लगा। मटके में देखा तो चुल्लू भर पानी था। बोला, ‘मैं अभी आता हूँ।’ वह बाल्टी लेकर पानी लेने चला गया। कुछ देर बाद अवि सब्जी ले आया, मानस पानी ले आया और बोला, ‘तुम गिलकी काटो, मैं आटा गूंथता हूँ।’

‘तीनों के लिए भोजन बनाना’ द्रोण ने आगे कहा, ‘आज साथ में भोजन करेंगे।’

खिड़की से हवा आ रही थी। सुगन्ध और वायु एक दूसरे को चुम रही थी।

आटा गूंथ लिया। गिलकी काट ली। अवि सब्जी बनाने लगा। मानस ने गोल मटोल रोटी बनाई। किसी देश का मानचित्र नहीं बनाया। रोटी को तवे में डालते हुए पूछा, ‘वर्ण व्यवस्था और जातिवाद क्या है?’

द्रोण ने समझाना शुरू किया। बोले, ‘वर्ण व्यवस्था श्रेष्ठ है और जातिवाद निकृष्ट।’

मानस ने फुलका बनाया। पूछा, ‘कैसे?’

‘वर्ण व्यवस्था के अनुसार व्यक्ति जन्म से नहीं बल्कि कर्म से ब्राम्हण, क्षत्रिय, वैश्य और शुद्र बनता है।’

अवि ने पूछा, 'इस व्यवस्था के अनुसार क्या ब्राम्हण की सन्तान ब्राम्हण बनती है?'

'नहीं।'

'कैसे?'

'ब्राम्हण की सन्तान पढ़ लिखकर विद्वान बन गई तो ब्राम्हण अन्यथा दूसरा वर्ण।

'यदि ब्राम्हण का लड़का सैनिक बन जाए तो वह किस वर्ण का कहलाएगा?' अवि ने पूछा।

'वह क्षत्रिय हो जाएगा।'

'कभी ब्राम्हण का लड़का व्यवसाय करने लग जाए तो उसका वर्ण क्या होगा?' मानस ने पूछा।

'वह वैश्य कहलाएगा।'

अवि ने अब अद्भुत प्रश्न पूछा, 'शुद्र का लड़का पढ़ लिखकर विद्वान बन गया तो वह क्या कहलाएगा?'

'वह ब्राम्हण बन जाएगा।'

अवि ने मानस की ओर देखा। बोला, 'वर्ण व्यवस्था तो अच्छी है।' फिर करछुल घूमाते पूछा, 'यह किस पुस्तक में है?'

'मनुस्मृति में है।'

मानस फुलका रोटी बना रहा था। यह कला उसने उसकी नानी से सिखी थी। पूछा, 'अब जातिवाद के बारे में बताइए?'

द्रोण ने बताया, 'जातियाँ हमारी विकृति है, इन्हें नहीं मानना चाहिए, इनको मिटा देना चााहिए। वर्ण व्यवस्था भी समाप्त कर देनी चाहिए।'

मानस ने स्पष्टीकरण चाहा। पूछा, 'कुछ लोग कहते हैं जातियाँ मनुस्मृति में लिखी हुई हैं।'

'यह प्रक्षेप वाला मामला है।' द्रोण ने कहा।

'प्रक्षेप मतलब क्या?' मानस ने पूछा।

'प्रक्षेप अर्थात मिलावट। मनु महाराज ने जातियाँ नहीं बनाई परन्तु जातियों के श्लोक लिखकर कुछ लोगों ने मनुस्मृति में मिला दिए।'

अवि के मुख पर क्रोध झलकने लगा।

मानस ने पूछा, 'कैसे पला चला कि जातियों के श्लोक बाद में मिलाए गए?'

'आम के पेड़ पर नीम की पत्तियाँ लगाओगे तो पता चल जाएगा कि ये पत्तियाँ आम की नहीं है।'

'सही कहा आपने।'

'जिस प्रकार आम की एवं नीम की पत्तियों में अन्तर दिख जाता है, उसी प्रकार वर्ण व्यवस्था और जातियों के श्लोकों में भी अन्तर दिख रहा है।'

बात बात में एक रोटी थोड़ी सी जल गई। मानस ने खरोचकर जला पदार्थ निकाला और पूछा, 'तो फिर बाद में प्रक्षेप किए श्लोकों का बाहर निकाल देना चाहिए।'

द्रोण ने कहा, 'प्रक्षेप किए श्लोकों को विद्वानों ने पहचान लिया और उन्हें मनुस्मृति से बाहर निकाल दिया।'

सब्जी तैयार हो गई। हरि धनिया डालने से महक कमरे में नाचने लगी।

तपेली चूल्हे से नीचे उतार ली। अवि ने पूछा, 'प्रक्षेप श्लोकों को बाहर निकालने से मनुस्मृति अपने शुद्ध स्वरूप में आ गई होगी।'

'हाँ' कहते हुए द्रोण खड़े हुए और अपनी छोटी पुस्तकालय में से एक पुस्तक निकाली और अवि की ओर बढ़ाते हुए कहा, 'देखो ये है शुद्ध मनुस्मृति।'

अवि ने मनुस्मृति को अपने हाथों में लिया और माथे से लगाया।

रोटियाँ भी बन गई। गैस बन्द कर दिया। तीन थालियों में भोजन परोसा। तीनों भोजन करने लगे।

छः

अंटुराग और सुंटील मुर्गा मसाले हैं। दोनों भाग्य पर भरोसा करते हैं, कर्म पर नहीं; इसलिए काम करना नहीं चाहते। उन्हें लगता है उनका भाग्य खराब है। किसी ने बताया भाग्य बदल सकता है। तोता वाले ज्योतिषी को हाथ दिखाओ भविष्य बता देगा, धन बता देगा, बिगड़े काम सुधार देगा, सुधरे काम बिगाड़ देगा। जब भाग्य में लक्ष्मी हो तो कमाने से क्या मतलब घर बैठे धन का घड़ा महालक्ष्मी मन्त्र से मिल जाएगा।

निस्संदेह ज्योतिषी विद्या श्रेष्ठ है। अन्तरिक्ष में स्थित ग्रहों नक्षत्रों एवं अन्य खगोलिय पिण्ड़ों का अध्ययन हमारे ऋषियों की बहुत बड़ी उपलब्धि है। हमें गर्व है उन महान ज्योतिषियों पर जिनके द्वारा प्रसूत काल गणना के करोड़ों, लाखों वर्ष व्यतीत होने के बाद भी एक सेकण्ड की भी गड़बड़ी नहीं आई परन्तु वर्तमान में तोता वाले नकली ज्योतिषियों ने लूट खसोट के ढेर पर झूठझाट का ठाटबाट जमा रखा है, यह ठग विद्या है, ज्योतिष विद्या नहीं। अपनी विषमताजनित मकड़जाल में गलीकूचों से लेकर सुदूरवर्ती बीहड़ भूगोल तक, नवनिर्मित भवनों से लेकर खन्ड़हरों तक और गाँवों से लेकर महानगरों तक महामूर्खों को फाँद लेते हैं। इन तोता ज्योतिषियों के तीन प्रकार हैं, घर बुलाने वाले, चौपाटी पर बैठने वाले और घर घर जाकर दिमाग चाटने वाले।

सुंटील का घर आखिरी में इतनी पीछे है कि उसके घर के बाद कोई घर नहीं, सब खाली पड़ा है, सुनसान लगता है। अंटुराग का घर मध्य में है, मार्ग से सटा हुआ। सुंटील का जब कहीं आना जाना होता अंटुराग से भेंट करके ही आगे बढ़ता। अंटुराग आँगन में पदवेष साफ कर रहा था तब सुंटील आया। पूछा, 'कहाँ जाने की तैयारी कर रहा है?

अंटुराग प्रसन्न होकर बोला, 'मैं तेरे ही पास आ रहा था।'

'क्यों?'

'तोते वाले ज्योतिषी के पास चलेंगे।'

'अभी।'

'हाँ' कपड़े को गाड़ी में खोसते हुए अंटुराग ने पूछा, 'तू कहाँ जा रहा था?'

सुंटील बोला, 'बैंक।'

'क्यों?'

'ऋण निकालना है।'

'अरे तोता वाले ज्योतिषी जी के पास चल, महालक्ष्मी मन्त्र देते हैं।'

'इस मन्त्र से क्या होगा?'

'मालामाल हो जाएँगे।'

'यार इन बैंक वालों पर गुस्सा आता है।'

'क्यों?'

'इन्होंने ऋण देने के बजाय महालक्ष्मी मन्त्र देना चाहिए ताकि घर बैठे बिना चेक से पैसा मिल जाए।'

'चलें।'

'चल।'

दोनों मित्र तोता वाले ज्योतिषी के पास जाने लगे।

बस स्थानक के पास तोता वाला ज्योतिषी मकड़जाल फैलाकर बैठा था। छोटे से पिंजरे में तोता था। ज्योतिषी की अवस्था सहाठ के आसपास होगी। ऊपर से नीचे तक सफेदी आ गई थी पर सिर में बाल काले करवाने से ऐसा जान पड़ रहा था कि उसने अपना भविष्य बदल लिया है। शरीर की गाड़ी खटारा लग रही थी, नट बोल्ड ढीले हो गए थे और ढाँचा हिल रहा था। गले में दर्जनभर मालाएँ, हाथों में कड़े और कानों में लटकन लटकाये बहेलियों की तरह बैठा था कि कब कोई आखेट हाथ लगे और उसे फाँद लूँ। दूसरों के भविष्य के एकैक पृष्ठ उलट पुलट कर देने में उसे महारथ प्राप्त थी और कईयों के दिमाग में भाग्य बदलने के तुच्छातितुच्छ विचारों का बीजारोपण कर चुका था किन्तु उसे स्वयं के भाग्य और भविष्य के बारे में पता नहीं था।

अंटुराग और सुंटील तोता ज्योतिषी के पास पहुँच गए। इन्हें देखते ही उसमे मूर्धन्य विद्वान सी मुखमुद्रा बना ली। बोला, 'आओ भगत, बैठो, सही जगह आये हो, भाग्य चमका दूँगा।'

अंटुराग ने अभिवादन किया, 'जय हो महाराज।'

ज्योतिषी मेधावी बनकर बोला, 'जय हो भगत। कपाल की रेखाएँ बता रही हैं भाग्य खराब है। डरो मत संसार में हर प्रश्न का उत्तर और हर रोग की औषधि है।'

दोनों ज्योतिषी के सामने बैठ गए।

'क्या नाम है भगत का?' अंटुराग से पूछा।

'अंटुराग।'

अंटुराग ने दस रुपये पिंजरे में डाले। ज्योतिषी ने पिंजरा खोला और तोते से बोला, 'अंटुराग भगत का भाग्य किस पत्रिका में है बताओ?' तोता बहार नहीं निकला। ज्योतिषी ने कहा, 'इतने पैसे में तोता महाराज बाहर नहीं निकलेंगे, ज्यादा दक्षिणा दो।'

अंटुराग ने पचास रुपये पिंजरे में डाले। ज्योतिषी ने पिंजरा हिलाया। बोले, 'अब तो बताना ही पड़ेगा।'

तोता पिंजरे से बाहर आया। सामने छोटी छोटी पत्रिकाएँ रखी थीं, उनमें से एक को चोंच से खींचा और वापस पिंजरे में चला गया। ज्योतिषी ने उस पत्रिका को देखा और बोला, 'भाग्य तेरा अच्छा है पर अभी खराब हो गया है। कर्म तेरा अच्छा है, गुस्सा थोड़ा तेज है, बात बात पर बिगड़ जाता है।'

अंटुराग बोला, 'सही कहा महाराज।'

सुंटील हाथ जोड़ने लगा।

ज्योतिषी ने कहा, 'एक सौ एक रुपये की दक्षिणा चढ़ाओ तो आगे का हाल बताऊँ।'

अंटुराग ने एक सौ एक रुपये सामने रख दिए।

ज्योतिषी ने कलाकारी दिखाना शुरू की। नामोल्लेख करते बोला, 'हाँ तो भगत अंटुराग हाथ बताओ।'

अंटुराग ने दाहिना हाथ आगे बढ़ा दिया। ज्योतिषी बोला, 'सही कहूँ तो सही कहना और झूठ कहूँ तो जूता उठाकर मार देना।'

'जी महाराज।'

ज्योतिषी ने जान लिया कि दोनों लड़के अट्ठारह उन्नीस साल के लग रहे हैं, इनका विवाह नहीं हुआ होगा। यौवनावस्था में प्रत्येक युवक युवती का किसी के प्रति आकर्षण तो किसी से प्रेम होता है। तोता ज्योतिषी बोला, 'एक लड़की से तुम्हारा प्रेम प्रसंग चल रहा है।'

'हाँ महाराज।' अंटुराग ने लजाते हुए कहा।

'वह कभी कभी रूठ जाती है।'

'हाँ महाराज।' अंटुराग मुस्कराते हुए कहा।

'कभी-कभी गुस्सा भी करती है।'

'जी महाराज।' अंटुराग हँस दिया।

'तुम्हारे सामने सजधज के आती है।'

'हाँव।'

'तुम उसके घर के आसपास चक्कर लगाया करते हो।'

'हाँ।'

'वह लड़की कभी खिड़की से तो कभी दरवाजे में खड़ी रहकर मुस्कराती है।'

'हाँ महाराज पर ये बताओ वह दिखने में कैसी है?' अंटुराग ने परीक्षा लेनी चाही।'

ज्योतिषी वाकपटु था। अच्छे अच्छे को निपटा चुका था तो ये लोग कहाँ लगे उसके सामने। पहले तो ठठाकर हँसा फिर चतुराईपूर्वक बोला, 'बहुत सुन्दर है। उसके जैसी संसार में कोई नहीं है। परियाँ भी उसके सामने कुछ नहीं लगतीं।'

अंटुराग गदगद हो गया। हाथ जोड़कर बोला, 'वाह महाराज वाह। सब सही बता रहे हैं आप।'

सुंटील ने ज्योतिषी के पैर छू लिए।

ज्योतिषी मुस्कराया। बोला, 'सही कहूँ तो सही कहना, झूठ कहूँ तो जूता उठाकर मार देना।'

सुंटील ने जूतों की ओर देखा।

अंटुराग झूमते हुए बोला, 'सही कह रहे हो महाराज।'

ज्योतिषी ने आगे कहा, 'वह लड़की नये-नये कपड़े पहनकर तुम्हारे सामने आती है।'

'एकदम सही।'

'लोगों से डरती भी है।'

'हाँव।'

'तुम्हें बार बार पलट पलटकर देखती है।'

'हाँ महाराज।'

'कहती है तुम्हारे बिना मर जाऊँगी।'

'हाँ महाराज।'
'एक बार कहा था कि तुम्हारे बिना मेरा जीवन अधूरा है।'
'जी महाराज।'
'उसकी सहेलियों से कहती है कि दिल दिया है जान भी दूँगी।'
'सही कहा महाराज।'
'सही कहूँ तो सही कहना झूठ कहूँ तो जूता उठाकर मार देना।'
'एकदम सही सही कह रहे हैं आप।'
'उसकी माँ तुम्हें देखकर बेकार मुँह बनाती है।'
'हाँ।'
'उसका पिता तुम्हें घूर-घूर के देखता है।'
'हाँ।'
'उसकी बहन तुम्हारा समर्थन करती है।'
'हाव।'
'उसका भाई विरोध करता है।'
'हाँ महाराज हाँ। सौ प्रतिशत सहीं बता रहे हैं आप।'
सुंटील बीच में बोला, 'आप धन्य है महाराज।' एक बार पुनः पैर छूए।
'उसके पीछे दूसरे लड़के भी पड़े हैं।'
'हाँ उसके मोहल्ले वाले हैं।'
'वो तुम्हारे काम में टांग अड़ाते हैं।'
'एक को मैंने ठोक दिया था।'
'जिसको तुमने ठोका वो तुमको ठोकना चाहता है।'
अंटुराग डर गया। बोला, 'अब क्या होगा महाराज।'
'डरो मत, पाँच सौ एक रुपये में एक ताबीज बना दूँगा फिर वो तुम्हारा बाल भी बाँका नहीं कर सकता।'
अंटुराग ने जेब में से पाँच सौ एक रुपये निकाल के ज्योतिषी के सामने रख दिए। बोला, 'ये लो और ताबीज दो।'
ज्योतिषी के पास एक छोटा डिब्बा ताबीज से भरा था। एक ताबीज निकाला और अंटुराग को दे दिया। बोला, 'छू मन्तर। ये तेरी भुजा में बाँध ले। भूत, चुडैल, डाकन, सापन और बेरी तेरा बाल भी बाँका नहीं कर सकते।'

अंटुराग ने दाहिनी भुजा में ताबीज बाँध लिया। 'अब उसे पूर्ण विश्वास हो गया कि ज्योतिषी पुण्यात्मा है। सारी अन्तर्कथाएँ जानने वाला जानकार है। डावाडौल नैया पार उतारने में समर्थ है। हृदय में अगाध श्रद्धा पनपी। उच्छृंखलता ठण्डी पड़ने लगी और उत्सुकता गर्म होने लगी कि अब बाधाओं को समूलोन्मुलन नष्ट करने का समय आ गया। उसने ज्योतिषी से कहा, 'मैं बड़ा व्यक्ति बनना चाहता हूँ।'

ज्योतिषी सत्रह घाट का पानी पी चुका था। उसके पास कई तार्किक लोग आते हैं, सभी को अकाट्य उत्तर देकर शान्त कर देता है। लोगों को ठगने के उसके पास कई सूत्र हैं। बोला, 'बड़ा आदमी कैसे बनेगा, तेरे घर तो टोना टोटका कर रखा है।'

अंटुराग को क्रोध आया। पूछा, 'किसने किया है?'

ज्योतिषी त्रिकालदर्शी जैसी भाव भंगिमा बनाने लगा। बोला, 'एक महिला ने किया।'

अंटुराग ने भृकुटि तान ली। फुँफकारते हुए पूछा, 'नाम बताओ महाराज।'

'महाराज नाम नहीं बतायेगा। तू समझ जा बच्चा।' मुँह पर अंगुली रखकर गोपनीयता समझाई।

अंटुराग मनन करने लगा। अन्दर अंतर्द्वन्द होने लगा। आशंकित वाणी में बोला, 'समझ गया महाराज।'

सुंटील कुछ भी नहीं समझा।

ज्योतिषी ने सौम्य मुखमुद्रा बना ली। मुण्डी हिलाते बोला, 'बता कौन है वो?'

'मेरे घर के सामने रहने वाली बुढ़िया होगी।'

'हाँ, वही है तान्त्रिक।' ज्योतिषी ने सच्चरित्र वृद्धा के मुँह पर कालिख लगवा दी।

'तो अब क्या करना होगा?'

'लाग भोग लगेगा।'

'क्या?'

'तू देगा?'

'हाँ दूँगा।'

'एक बकरा लगेगा।'

'उससे क्या होगा?'

'टोना टोटका दूर कर दूँगा।'

'तो मैं बड़ा व्यक्ति बन सकता हूँ।'

'बिल्कुल बन जाएगा।'

'ठीक है तो मैं दो तीन दिन बाद बकरा ले आऊँगा।'

'तूझे बहुत बड़ा आदमी बना दूँगा।'

अंटुराग सामने से उठ गया। अब सुंटील सामने बैठा। पचास रुपये चढ़ाने पर तोता बाहर निकला, पत्रिका को चोंच से उठाया और वापस पिंजरे में चला गया। ज्योतिषी उस पत्रिका को पढ़ने का स्वाँग करने लगा। बोला, 'तेरा हाथ बता भगत।'

सुंटील ने दाहिना हाथ आगे बढ़ा दिया। ज्योतिषी ने हाथ की रेखाओं को गूढगम्भीर भाव से देखने लगा। सुंटील ने कहा, 'महाराज मैं लखपति बनना चाहता हूँ।'

'कैसे बनेगा, तेरे पीछे बेरी पड़े हैं।' ज्योतिषी ने कहा। वह यही बात कईयों को कह चुका था और कईयों को कहेगा। यह उसका ख्यात संवाद था। इस संवाद ने पैसे खींचने में गुरुत्वाकर्षण का काम किया था।

'कितने बेरी पीछे पड़े हैं?' सुंटील ने संख्या पूछी।

अंटुराग ने भी एक कान ज्योतिषी तरफ कर दिया।

'दो सौ इक्कावन रुपये की दक्षिणा दो फिर संख्या क्या नाम भी बता दूँगा।' ज्योतिषी ने कहा।

सुंटील ने दो सौ इक्कावन रुपये सामने रख दिए।

ज्योतिषी ने बात को पान की तरह चबाते हुए कहा, 'तीन बेरी तेरे पीछे पड़े हैं।' कहने के बाद आँखें मूँद लीं ताकि ठगने का भाव आँखों में न देख ले। अंटुराग समझा कि ज्योतिषी आँखें बन्द करके अन्दर का अन्दर शत्रुओं को खोज रहा है।

'नाम बता दीजिए?' सुंटील ने दाँतों को कट कट बजाते हुए पूछा ताकी बेरियों को कच्चा चबाया जा सके।

'अवश्य बताऊँगा।' ज्योतिषी ने ऐसे कहा जैसे दिव्यदृष्टि से शत्रुओं को पहचान लिया हो। आगे बोला, ' एक तो वो।'

'कौन?' सुंटील ने पूछा।

'वो।'

'वो कौन?'

'वो वो।'

'वो वो कौन?'

'अरे मूर्ख इतना भी नहीं समझता। वही जिसने तूझे पान खिलाया था।' ज्योतिषी ने धूल में लट्ठ मारी।

'किसने खिलाया था।' सुंटील स्मरण करने लगा।

'वही जो तुझसे अच्छा रहता है।'

'हीरालाल।' सुंटील को स्मरण आ गया।

'हाँ।' ज्योतिषी ने हिंसात्मक आवाज निकाली।

'साला पान खिलाता है और अन्दर से जड़ काटता है।' उसका रक्तसंचरण तेज हो गया। उन्मादिनी वाणी में पुनः बोला, 'दिमाग सटक गया तो दचक दचक के मारूँगा।'

'सही कहूँ तो सही कहना, झूठ कहूँ तो जूता उठाकर मार देना।'

'दूसरा बेरी कौन है?'

'दूसरा तेरे कुटुम्ब का है।' भ्रम में डाला।

'कैसा है वह?' सुराग चाहा।

'लम्बा व्यक्ति है। रंग गोरा है।'

जामा तो नहीं।'

'बिल्कुल सही पहचाना। जामा तेरा बेरी है।'

'साला छूपा रूस्तम निकला। भाई होकर भाई का गला काटना चाहता है।'

'रिश्ते में क्या लगता है?'

'चचेरा भाई लगता है।'

'सही कहूँ तो सही कहना, झूठ कहूँ तो जूता उठाकर मार देना।'

'तीसरा कौन है?' सुंटील ने पूछा।

'तेरा साथी है।'

'मेरे घर के आसपास रहता है या साथ में पढ़ता है।'

'तेरे साथ पढ़ता है।'

'कैसा है वह?'

'हट्टा-कट्टा।'

'नीलेश हो सकता है।'

'नीलेश ही है।'

सुंटील क्रोधित हो उठा, जबकि अंटुराग आश्चर्य करने लगा कि नीलेश इतना दुष्ट है।

'सही कहूँ तो सही कहना, झूठ कहूँ तो जूता उठाकर मार देना।'

'सही कहा महाराज आपने।'

'तू दो बार मरते मरते बचा।' ज्योतिषी ने कुटिलता से कहा।

'मुझे तो कुछ याद नहीं।'

अंटुराग आँखें पटपटाने लगा।

'आँखें बंद करके स्मरण कर याद आ जाएगा।' कहते हुए ज्योतिषी ने दाहिने हाथ की हथेली सुंटील की आँखों पर रख दी। सुंटील स्मरण करने लगा।

'याद आया।'

'नहीं।'

ज्योतिषी ने बाएँ हाथ की अंगुलियाँ चटचटाई। पूछा, 'अब?'

'अब भी नहीं।'

उसने रहस्योत्घाटन किया, 'पीछे से ट्रक आ रहा था तू सड़क से नीचे हो गया। उस दिन मरते मरते बच गया।'

'हाँ, याद आ गया। ट्रक मेरे पास से निकला था।'

'सही कहूँ तो सही कहना, झूठ कहूँ तो जूता उठाकर मार देना।'

'सही कहा महाराज।'

'एक बार मोटरसाइकिल वाला तुझपे चढ़ा देता तब भी तू मरते मरते बचा।'

'कब की बात है?'

'जब तू पाँच साल का था।'

'मुझे तो याद नहीं।'

'मुझे सब पता लग गया।'

'धन्य हो महाराज।'

अंटुराग ने साष्टांग प्रणाम किया।

सुंटील ने पूछा, 'महाराज मेरा मन पढ़ाई में नहीं लगता।'

'तुझ पर टोटका कर रखा है।'

'किसने?'

'डायन ने।'

'कौन है वो?'

'पाँच सौ एक रुपये की दक्षिणा दोगे तो नाम पता बता दूँगा और पढ़ाई में मन भी लगेगा।'

सुंटील ने अंटुराग से पाँच सौ रुपये उधार लिए और ज्योतिषी को दे दिए। बोला, 'अब डायन का नाम बताओ?'

'बताता हूँ' ज्योतिषी ने कहा, 'उसका रंग गोरा है।'

'आप तो सीधा नाम बता दीजिए।'

'बता दूँगा थोड़ी शान्ति रख। उससे तुम प्रतिदिन मिलते हो।' ज्योतिषी ने बत्ती मारी।

'कहाँ, मोहल्ले में या महाविद्यालय में?'

'महाविद्यालय में।' उसने धूल में लट्ठ मारी।

सुंटील सोचने लगा लड़कियाँ तो डायन नहीं हो सकती, कोई मेडम ही होगी। उसने सबसे पहले मिनकी पर संदेह किया। पूछा, 'क्या उसका पेट बड़ा है?'

ज्योतिषी ने नस पकड़ ली। उसके हाथ में सूत्र लग गया। तपाक से बोला, 'हाँ।'

'प्राचार्य से उसका अनैतिक सम्बन्ध है?'

'हाँ।'

'सब उसको डेबरी मौसी कहकर चिढ़ाते हैं।'

'हाँ भाई हाँ।'

'वो मिनकी मेडम है।'

'हाँ, मिनकी मेडम ही है डायन।'

'क्या किया उसने मुझ पर।'

'टोटका।'

'कैसा टोटका?'

'ऐसा टोटका कर रखा है कि पढ़ाई में तेरा मन नहीं लगे और तू फेल हो जाए।'

'वो तेरी तो !' सुंटील चौक गया।

अंटुराग बोला, 'मिनकी मेडम डायन निकली। अब उससे बच के रहना पड़ेगा।'

ज्योतिषी ने कहा, 'बच के रहना नहीं तो तुम लोगों को खा जाएगी।'

ज्योतिषी ने हाथ में नाड़ा बाँधते कहा, 'ये नाड़ा जब तक तुम्हारे हाथ में रहेगा वो डायन तुम्हारा बाल भी बाँका नहीं कर सकती और पढ़ाई में भी मन लगेगा।

अंटुराग ने कहा, 'मुझे भी नाड़ा बाँध दीजिए।' उसके हाथ में भी नाड़ा बाँध दिया।

सुंटील और अंटुराग बहुत प्रसन्न हुए। ज्योतिषी इनसे भी ज्यादा प्रसन्न हुआ। अन्त में दोनों महालक्ष्मी मन्त्र लेकर घर आने लगे। दोनों ने मन भर के मिनकी को गालियाँ दीं।

सात

काबर्या ने दाँत में से कुछ निकाला और उसे सूँघा। फिर झाड़ के नीचे जाकर कुर्सी लगा ली। लड़कियाँ सामने बैठ गई। काबर्या ने पूछा, 'प्रेम रस किसने किसने पीया है?'

लड़कियाँ बोली, 'हमने तो नहीं पीया।'

काबर्या ने इधर उधर देखा और बोला, 'मेरी आँखों मे देखो, मैं तुम्हें आँखों से प्रेम रस पिलाउंगा।'

अनायस अतिरिक्त संचालक आ गए। गाड़ी से उतरते ही देखा कि एक प्राध्यापक पेड़ के नीचे पढ़ा रहे हैं और केवल लड़कियाँ ही पढ़ रही हैं। उन्होंने काबर्या को संकेत कर के पास बुलाया। पूछा, 'आप प्राध्यापक हैं?'

काबर्या ने कहा, 'हाँ।'

'इन्हें अकेले में क्यों पढ़ा रहे हो?'

काबर्या की घिग्घी बन्द गई। अतिरिक्त संचालक बोले, 'तुम्हारी शिकायतें बहुत बार आ चुकी हैं।'

काबर्या ने मुँह खोला, 'सर माफ कर दो।'

'मुझे लिफाफा चाहिए तभी माफ करूँगा।'

काबर्या ने फटाफट गरमा गरम लिफाफा दे दिया। अतिरिक्त संचालक महाविद्यालय के अन्दर भी नहीं आए और वापस गाड़ी पलटाकर चले गए।

बन्टा बाबू दारू के नशे में गोल गोल घूम रहा था।

मिनकी मेडम अन्दर की अन्दर फूल रही थी और फूलने का कारण था कि प्राचार्य कड़कनाथ उसकी हर बात मानते हैं। छोटी सी बात का बदला लेने के लिए प्रतिदिन किसी न किसी प्राध्यापक को अकारण डाट खिलवाती। वह जहाँ पानी बताती वहाँ कीचड़ भी नहीं मिलता फिर भी कड़कनाथ उसकी हाँ में हाँ और ना में ना मिलाता। मेढ़क को तोल नहीं सकते और साँप को बाँध नहीं सकते, उसी प्रकार मिनकी की चुगलीखोर प्रवृति पर अंकुश लगाना असम्भव था। आज फिर उसने प्राचार्य कड़कनाथ के कान भरें। गुस्से में घण्टी बजाई। टूटला आया। बोला, 'क्या साब।' कड़कनाथ ने कहा, 'पटेल को बुलाकर ला।'

'हाव साब।' टूटला बुलाने चला गया। कोई बड़ा काम होता तो वह नहीं जाता।

पटेल सर दौड़े चले आए। आते ही अभिवादन किया, 'नमस्ते सर !'

कड़कनाथ ने मुण्डी हिला दी।

'आपने मुझे बुलाया सर।' पटेल ने पूछा।

कड़कनाथ कुछ नहीं बोला। लेखनी को देखता रहा।

पटेल असहज हो गए। दोबारा पूछा, 'सर, आपने मुझे बुलाया क्या?'

कड़कनाथ के हाथ में खटकेवाली लेखनी थी, उसे दबा दबाकर टिचुक टिचुक करने लगा। बोला, 'हाँ, मैंने ही आपको बुलाया है।' फिर घूरकर देखते हुए बोला, 'तुम्हारे जैसी महान विभूति को मेरे अलावा कोई दूसरा बुला सकता है क्या।'

पटेल कुर्सी पर बैठते हुए बोले, 'बताइए सर क्या बात है?'

'पहले तो आप कुर्सी से उठ जाइए' कड़कनाथ जोर से बोला, 'कुर्सी पर बैठने को किसने कहा?'

वह कुर्सी से उठ गए। बोले, 'क्षमा चाहता हूँ सर।' पटेल ने क्षमा याचना की।

मिनकी प्राचार्य कक्ष के बाहर खड़ी चुपचाप सुन रही थी। बार बार झाँककर अन्दर देखती और बार बार हँसती। कड़कनाथ ने पहले मिनकी से दृष्टि मिलाई फिर रंग जमाते बोला, 'आप वेतन तो पूरा लेते हो फिर पढ़ाने में कंजूसी क्यों करते हो?'

टूटला भी दरवाजे के पास खड़ा होकर सुन रहा था।

पटेल समझ गए किसी ने चुगली की है। बोले, 'सर, मैंने पढ़ाने में कोई कोताही नहीं की। मेरे विद्यार्थी मुझसे संतुष्ट हैं।'

कड़कनाथ समझ गया ढ़िलपोल से काम नहीं चलने वाला। बोला, 'पर मैं संतुष्ट नहीं हूँ।'

'सर आपसे किसी ने झूठ कहा है।' पटेल बोले।

'झूठ नहीं सच कहा है।'

'किसने कहा नाम बताइये?'

'नाम क्यों बताऊँ। नाम बता दूँगा तो आप उन्हें डाटोगे।'

'नहीं डांटूंगा।'
'डाटोगे।'
'नहीं डांटूँगा।'
'नाम क्यों बताऊँ?'
'तो उपनाम बता दीजिए?'
'उपनाम भी क्यों बताऊँ।'
'कुछ तो बता दीजिए।'
'कुछ नहीं बताऊँगा। तुम उसे मारोगे।'
'नहीं मारूँगा।'
'मारोगे।'
'नहीं मारूँगा।'
'बाहर निकलो।'
'निकल रहा हूँ।'
'जल्दी निकलो। ढंग से रहना नहीं तो आपकी सर्विस बुक बिगाड़ दूँगा।'
'सर एक निवेदन है।'
'बोलो।'
'आज महाविद्यालय में कार्यक्रम है न।'
'हाँ है।'
'इस कार्यक्रम का संचालन मैं करूँगा।'
'मिनकी मेडम करेगी।'
'नहीं सर मैं करूँगा।'

कड़कनाथ ने द्वार की और अँगुली बताते हुए विकृत वाणी निकाली, 'जल्दी से बाहर निकल जा।'

पटेल सर चले गए। मिनकी बाहर खड़ी थी। उधर बन्टा बाबू दारू के नशे में बरामदे में ही लघुशंका कर रहा था।

कड़कनाथ ने अब ठाकुर को बुलावा भेजा। टूटला आज फटाफट बुला रहा था। वह दौड़कर टमटम के पास गया और बोला, 'पेन्सीपाल सर ने पटेल सर को दो तीन लात मारी और बाहर भगा दिया। अब ठाकुर सर को बुलाने जा रहा हूँ।'

टमटम खुश हुई। टूटला ठाकुर को बुला लाया।

'प्रणाम सर !' ठाकुर ने आते ही कहा।

'प्रणाम वरणाम बाद में करेंगे, पहले उपस्थिति रजिस्टर लेकर आइए।'

'जी सर।' वे रजिस्टर लेने चले गए।

मिनकी का इन्द्रजाल आज कड़कनाथ के सिर पर चढ़कर बोल रहा था। मिनकी दौड़कर अन्दर आई। बोली, 'वाह सर वाह, आपका तो जवाब नहीं।'

कड़कनाथ फूलकर ढोल हो गया। बोला, 'आप बोलो तो इन्हें झापट भी जड़ दूँ।'

'मारना नहीं है केवल अपमान का बदला अपमान करके लेना है।'

'ठीक है मेडम आपका मार्गदर्शन मिलता रहे।' कड़कनाथ ने मुस्कराकर कहा।

मिनकी मुस्कराकर बाहर खड़ी हो गई। टूटला भी खड़ा हो गया। ठाकुर आ गए। टेबल पर रजिस्टर रखते हुए बोले, 'ये लीजिए सर।'

कड़कनाथ ने 'हूँ' करते हुए रजिस्टर खोला। जाँच परख करने लगा। कोई त्रुटि नहीं थी। वह चकरा गया डाटने का कोई कारण नहीं छोड़ा।

'कोई गड़बड़ी नहीं है। प्रतिदिन उपस्थिति दर्ज करता हूँ।' ठाकुर निर्भिक होकर बोले।

कड़कनाथ खुजली करने लगा डांटूँ तो कैसे डांटूँ।

'जो आता है उसी की उपस्थिति लगाता हूँ। ठाकुर ने पुष्टि की 'दैनन्दिनी डायरी में भी सारा काम ठीकठाक मिलेगा।'

घुटना खुजलाते समय कडकनाथ के दिमाग में एक बहाना अवतरित हुआ। बोला, 'आप झूठी उपस्थिति लगाते हैं।'

'नहीं सर।' ठाकुर ने कहा।

'झूठ बोलते हो।'

'बताइये कहा झूठी उपस्थिति है?'

कड़कनाथ रजिस्टर के पृष्ठ उलटने लगा। पीले रंग का रजिस्टर था। बोला, 'ये देखो। अरविन्द की झूठी उपस्थिति लगाई है।'

'अरविन्द तो रोज आता है।' ठाकुर ने कहा।

'नहीं आता।'

'पंकज की भी झूठी उपस्थिति है।'

'पंकज भी रोज आता है।'

'नहीं आता।'

'आता है।'

रजिस्टर नीचे गिर गया। ठाकुर ने रजिस्टर उठाया। कड़कनाथ ने फिर पृष्ठ पलटे। बोला, 'प्राची की झूठी उपस्थिति है।'

ठाकुर को सिर में पीड़ा होने लगी।

'पल्लवी की भी झूठी उपस्थिति है।'

रजिस्टर बन्द कर दिया।

'सर, आप कक्षा में चलकर विद्यार्थियों से पूछ लीजिए कौन आता है और कौन नहीं आता।' ठाकुर ने हाथ जोड़कर कहा।

'मैं चपरासी नहीं हूँ, जो कक्षाओं में घूमता फिरूँ।' कड़कनाथ जोर से चिल्लाया।

मिनकी गोभी के फूल जैसे फूल गई।

'आप ऐसा उल्टा काम मत कीजिए, नहीं तो नौकरी से हाथ धो बैठोगे।' कड़कनाथ दुरदुराया।

मिनकी नाचने लगी।

'आप मुझ पर कलंक लगा रहे हैं।' ठाकुर ने अश्रुपुरित नेत्रों से देखते हुए कहा।

कड़कनाथ ने रजिस्टर बाहर फेंक दिया। बोला 'आप नहीं सुधरे तो आपकी सर्विस बुक में गड़बड़ी कर दूँगा।'

ठाकुर इस उपेक्षा से क्षुब्ध हो गए। बोले, 'सर, मेरी तो सुनिए।'

'मुझे कुछ नहीं सुनना। यहाँ से चले जाइए।'

ठाकुर तूष्णीभूत होकर बाहर आ गए। मिनकी बाहर खड़ी थी। घिनौनी हँसी हँसते हुए ठाकुर से बोली, 'कैसी रही?' ठाकुर ने कुछ नहीं कहा। कुत्ता हमें काटे तो हमने कुत्ते को नहीं काटना चाहिए, यही सोचकर चुपचाप चले गए।

बन्टा बाबू दारू के नशे में बरामदे में रो रहा था।

कड़कनाथ ने अब कुलकर्णी को बुलाने का आदेश दिया। टूटला दौड़कर टमटम के पास पहुँचा। बोला, 'ठाकुर सर की झूठ पकड़ में आ गई। सबकी

झूठी उपस्थिति लगाते हैं। साब उनकी सर्विस बुक बिगाड़ देंगे। अब कुलकर्णी सर को बुलाने जा रहा हूँ।'

टमटम गुप्तचर की बात से बहुत प्रसन्न हुई। कड़कनाथ कुर्सी पर बैठे बैठे साँप की भाँति जीभ लपलपाने लगा। कुलकर्णी सर आ गए।

'रजिस्टर लाए।' कड़कनाथ ने पूछा।

'रजिस्टर के साथ दैनन्दिनी डायरी भी लाया हूँ।' कुलकर्णी ने विनम्रतापूर्वक कहा।

कड़कनाथ मोबाईल में देखने लगा। उसकी टेबल पर पाँच सात रजिस्टर तितर बितर पड़े थे। कुलकर्णी ने अपना रजिस्टर और दैनन्दिनी डायरी पास वाली टेबल पर रख दी। कड़कनाथ बोला, 'रजिस्टर दिखाओ, देखूँ आपकी कलाकारी।' उसने दूसरा रजिस्टर ही उठा लिया और देखने लगा।

'ये नहीं है।' कुलकर्णी ने कहा।

कड़कनाथ मुँह ताकने लगा।

'उधर रखे हैं।'

कड़कनाथ दूसरी तरफ देखने लगा।

'इधर नहीं सर उधर।'

कड़कनाथ को फिर भी नहीं दिखे।

'उस टेबल पर।' कुलकर्णी ने हाथ से संकेत किया।

उधर क्या दूध देने के लिए रख दिए' कड़कनाथ ने मुँह बनाते कहा, 'इधर लाओ।'

कुलकर्णी ने रजिस्टर और दैनन्दिनी डायरी सामने रख दी।

मिनकी बाहर चक्कर काट रही थी। कड़कनाथ मुस्कराते हुए बाहर देखने लगा। बोला, 'लाओ जी, देरी क्यों करते हो?'

'दे तो दिया।'

कड़कनाथ इधर उधर देखने लगा। वहाँ पहले से पाँच सात रजिस्टर पड़े थे। पूछा, 'कहा हैं?'

'ये क्या रहे।'

'हाथ में दो यार।'

कुलकर्णी ने रजिस्टर और डायरी कड़कनाथ के हाथ में रख दी।

'एक कुछ भी दो।'

उन्होंने डायरी दे दी।

कड़कनाथ पहला पृष्ठ पलटाते ही उबल पड़ा 'प्राध्यापक होकर ऐसे लिखते हो।'

मिनकी भी अन्दर आ गई।

'देखो मेडम इन्होंने कितना घिचपिच लिखा है।' कड़कनाथ ने मिनकी को डायरी बताई।

'ऐसे लिखा है जैसे चौथी पाँचवी के छात्र ने लिखा हो।' मिनकी ने कहा।

'गलत है या सही है मेडम?' कड़कनाथ ने मिनकी से पूछा।

'सब गलत लिखा है।' मिनकी बोली।

कुलकर्णी का रक्तसंचरण बढ़ गया।

'पेन कहा हैं?' कड़कनाथ लेखनी ढूँढ़ने लगा।

लेखनी नीचे पड़ी थी।

'पेन नीचे पड़ी है सर।' मिनकी ने कहा।

'पेन उठाओ' कड़कनाथ ने कुलकर्णी से कहा, 'इतना काम भी नहीं कर सकते।'

कुलकर्णी ने लेखनी उठाकर कड़कनाथ को दी।

'ये फिर से लिखो' कड़कनाथ डायरी में तितर बितर चिन्ह् लगाते बोला, 'ये भी फिर से लिखना।'

मिनकी उल्लू जैसा मुँह बनाकर हँसी।

कड़कनाथ ने डायरी में सभी दूर उल्टे पुल्टे चिन्ह लगाकर लिखे हुए को बिगाड़ दिया। कुलकर्णी से रहा नहीं गया। बोले, 'सर, इस प्रकार का व्यवहार ठीक नहीं ।'

मिनकी ने भौंकने जैसा मुँह बनाया।

'ढंग से बोलो' कड़कनाथ आगे बोला, 'आपकी लिखित शिकायत अग्रणी महाविद्यालय में भेजनी पड़ेगी।'

'भेज दीजिए सर।' मिनकी ने समर्थन किया।

'आप बीच में क्यों बोल रही हैं।' कुलकर्णी ने मिनकी से कहा।

कड़कनाथ काँपते हुए बोला, 'मिनकी मेडम सही तो बोल रही हैं।'

'देख लिया न सर आपने, ये मेरी बेइज्जती कर रहे हैं।' मिनकी भौंकी।

'आप स्त्रियों का सम्मान नहीं करते मिस्टर कुलकर्णी' कड़कनाथ भौंकने लगा, 'अग्रणी महाविद्यालय को लिखूँगा आपने मिनकी मेडम के साथ दुर्व्यवहार किया।'

'ऐसा भी लिखना कि कुलकर्णी सबको गन्दी नजर से देखते हैं।' मिनकी ने कहा।

'इनकी तो मैं सर्विस बुक बिगाड़ के ही दम लूँगा।'

कुलकर्णी से वहाँ खड़ा रहना असम्भव हो गया। वे मर्मान्तक होकर बाहर निकल गए।

मिनकी ने कड़कनाथ को चूम लिया।

कड़कनाथ ने अब तोमर बेनजी को बुलाने का आदेश जारी किया। टूटला तोमर बेनजी को बुलाने गया। उससे पहले टमटम के पास पहुँचा। कहने लगा, 'कुलकर्णी सर ने मिनकी मेडम को गन्दी नजर से देखा। उनका हाथ भी पकड़ लिया। अब कुलकर्णी सर जेल जाएंगे। मैं तोमर बेनजी को बुलाने जा रहा हूँ।'

बन्टा बाबू को दारू इतनी चढ़ गई कि नंगा होकर नाचने लगा। टूटला ने कपड़े पहनाएँ।

टूटला ने तोमर बेनजी को कड़कनाथ का संदेश सुना दिया। तोमर बेनजी प्राचार्य कक्ष की ओर आने लगी।

तोमर बेनजी समझ गई थीं कि मिनकी की चाल है। पटेल, ठाकुर और कुलकर्णी से भी बात का पता लग चुका था।

तोमर बेनजी महाविद्यालय में वरिष्ठ प्राध्यापिका हैं। उनके पास एक शस्त्र है, उसका नाम है सीनियरटी। अपनी वरिष्ठता का वे कहीं उपयोग करती हैं तो कहीं दुरुपयोग। जहाँ देखो वहाँ सीनियरटी झाड़ती रहती है। मंच पर आमंत्रित करते हैं तो कहती हैं सबसे पहले मुझे बिठाओ मैं सीनियर प्रोफेसर हूँ। प्रसाद बटता है तो कहती है सबसे पहले मुझे दो मैं सीनियर हूँ। चाय सबसे पहले मुझे दो, पानी सबसे पहले मुझे पिलाओ, अल्पाहार सर्वप्रथम मुझे चाहिए, नमस्कार सबसे पहले मुझे करो, सिर सबसे पहले मेरे सामने झुकाओ, क्योंकि मैं सीनियर प्रोफेसर हूँ।

वे प्राचार्य कक्ष में पहुँची तो कड़कनाथ बोला, 'आइए मेडम।'

‘जी सर।’ तोमर बेनजी ने कहा।
‘रजिस्टर लाएँ हैं?’ कड़कनाथ ने पूछा।
‘हाँ।’
‘अभी आपका कालखण्ड तो नहीं लगा है न?’
‘नहीं।’
‘उपस्थिति ठीक है।’
‘जी हाँ।’
‘किसी की झूठी तो नहीं है न?’
‘क्या?’
‘मतलब जो छात्र नहीं आते उनकी उपस्थिति तो नहीं लगाते न?’
‘फुस्स।’ तोमर बेनजी हँस दीं।
‘मेडम आपकी एक शिकायत आई है?’
‘क्या?’
‘विद्यार्थियों के प्रति आपका व्यवहार ठीक नहीं है।’
‘छी छी! ये बात झूठी है।’
‘बात झूठी है या आप झूठी हैं।’
मिनकी दहलीज के पास हँसने लगी।
‘बात झूठी है।’
‘आप झूठी हैं।’

तोमर बेनजी का गुस्सा बढ़ने लगा। मिनकी को देखकर ओर अधिक दिमाग खराब हुआ। बोली, ‘आप झूठे हैं।’

मिनकी दो कदम पीछे हट गई।
‘धीरे बोलिए।’
‘धीरे क्यों बोलूँ।’
‘आप जोर से क्यों बोल रही हैं?’
‘आप बात ही वैसी कर रहे हैं।’
‘प्राचार्य का सम्मान करना सीखो।’

‘उस प्राचार्य का क्या सम्मान करूँ जो दूसरो के बहकावे में आ जाता हैं। मैं भी सीनियर प्रोफेसर हूँ।’

मिनकी समझ गई। पूछने लगी, 'किसके बहकावे में आ जाते हैं?'

'तू चुप रह जा। बीच में मत बोल। सीनियर प्रोफेसर के काम में टांग मत अड़ा।'

'मुझे बताओ किसने बहकाया?' मिनकी ने पूछा।

'तूने बहकाया आवारा राँड। तू कान भरती है। तू सबकी चुगली करती है।'

'मैं आवारा हूँ?' मिनकी बोली।

'हाँ। तू चुगलीखोर भी है।'

'मैं चुगलीखोर हूँ।'

'नहीं तो क्या सती सावित्री है।'

'मुँह सम्भालकर बोलो तोमर मेडम।' कड़कनाथ कड़क आवाज में बोला।

'तेरा मुँह तोड़ दूँगी गन्दे प्राचार्य। मैं भी सीनियर हूँ।' तोमर बेनजी उबल पड़ी।

कड़कनाथ समझ गया कि यहाँ से भागो नहीं तो सही में मुँह तोड़ देगी।

तोमर बेनजी ने कड़कनाथ की कालर पकड़ ली। कड़कनाथ बोला, 'मेरी कालर क्यों पकड़ी?'

'सबको बताऊँगी तू इसी योग्य है।'

कड़कनाथ लेमुटेमु हो गया।

'तू मेरी कालर छोड़।'

'तू तूकारा बोलेगा।'

'अब नहीं बोलूँगा। मेरी कालर छोड़िए।'

'नहीं छोड़ूँगी। चल बाहर निकल।'

'शर्ट फट जाएगा।'

'फटने दे।'

कालर नहीं छोड़ी।

कड़कनाथ घबराया। सहायता माँगी। 'मिनकी मेडम कालर छुड़वाइए।'

विद्यार्थी इकट्ठे हो गए।

'मेडम कालर छोड़ दीजिए।' मिनकी बोली।

तोमर बेनजी ने लात बताते कहा, 'तू दूर हट उचक्की।'

मिनकी वही खड़ी रही।

फिर मुक्का बताते हुए कहा, 'तू दूर हट जा आवारा, तेरे दाँत तोड़ दूँगी।'

मिनकी पीछे हट गई।

कड़कनाथ को प्राचार्य कक्ष से खींचकर बाहर ले आई। शर्ट फट गया तो पेन्ट पकड़ ली।

'पेन्ट छोड़ो।'

'नहीं छोड़ूँगी। आज तूझे मजा चखाऊँगी।'

'पेन्ट छोड़ो मैं पोंगा हो जाऊँगा।'

'तू पोंगा हो जा या भोंगा हो जा, पेन्ट नहीं छोड़ूँगी।'

शिष्ट महिलाएँ भी क्रोध में अशिष्ट हो जाती हैं।

'बन्टा बाबू को बुलाओ?' कड़कनाथ गिड़गिड़ाया।

'उन्हें तो चढ़ गई। सुबह से पी रहे हैं।' एक विद्यार्थी बोला।

झामरा को बुलाओ।

'मेरे हाथ में मोच है।' झामरा बोला।

'टूटला को बुलाओ।'

टूटला भीड़ में छिप गया। धीरे से बोला, 'मुझे फोटू नहीं खिंचवानी है।'

'सबके सामने मुझसे माफी माँग।' तोमर बेनजी ने कहा।

'नहीं माँगूँगा।'

'तुझे ठोक दूँगी।'

'ठोक के बता।'

'सही में ठोक दूँगी।'

'तेरे बाप ने किसी को ठोका क्या?' कड़कनाथ ने मुँह चलाया।

'माफी माँग ले तो छोड़ दूँगी।'

'तू ठोक के बता।'

'ठोक दीजिए मेडम।' एक शरारती विद्यार्थी बोला।

'ठोक दूँ।'

'पूछती क्या हो, ठोकठुका के दूर करो।' भीड़ में से एक छात्रा बोली।

'ये ले।' कड़कनाथ के जबड़े में एक झापट मारी।

'विद्यार्थी हँसे।

'मत ठोको।' कड़कनाथ नीचे बैठ गया।

'देखी मेरी सीनियरटी। और दूँ?'

'और दो।' आठ दस विद्यार्थी एक साथ बोले।'

'ये ले।' दूसरी झापट मारी।

'एक एक क्या मारती हो मेडम, दनादन देती जाओ।' एक छात्रा बोली।

विद्यार्थी खूब हँसने लगे।

फिर तो वे कड़कनाथ के मुँह और सिर पर चपाचप मारने लगीं।

विद्यार्थी जोर जोर से चिल्लाने लगे।

कुछ विद्यार्थियों ने पूछा, 'क्या हो गया?'

टूटला बोला, 'पेन्सीपल की फोटू खींची जा रही है।'

कड़कनाथ जैसे तैसे छूटकर वहाँ से भागा और भौतिक की प्रयोगशाला में छिप गया। अन्दर से दरवाजा बन्द कर लिया। वहाँ बन्टा बाबू दारू पीकर औंधा पड़ा था।

दो घण्टे बाद विवाद शान्त हो गया। आज महाविद्यालय में कार्यक्रम था। मंच पर सारी तैयारी हो चुकी थी परन्तु पटेल के कारण कार्यक्रम का शुभारम्भ नहीं हो पा रहा था। वे अड़ गए थे कि संचालन मैं ही करूँगा। पटेल कड़कनाथ से बोले, 'सर, संचालन मैं करूँगा।'

कड़कनाथ बोला, 'मिनकी मेडम करेगी।'

'मिनकी मेडम ने संचालन किया तो माईक उसके मुँह में भर दूँगा।'

'मैं तुम्हारा मुँह तोड़ दूँगा।'

'मैं पोल खोल दूँगा।'

'किसकी?'

'आपकी और मिनकी मेडम की।'

कड़कनाथ घबराया। आयोजकों की ओर मुँह करके जोर से बोला, 'संचालन पटेल सर करेंगे।'

कार्यक्रम का संचालन पटेल ने किया और सबको बोर किया।

आठ

अंटुराग और सुंटील ने रात्रि का कार्यक्रम तय कर लिया था, मसान जगाना है। किसी ने बताया था कि मसान जगाने से भूत जाग जाते हैं और हम उनसे मनचाही वस्तु प्राप्त कर सकते हैं। रात्रि बारह बजे तान्त्रिक को लेकर मसान घाट पहुँचे। दोनों मित्र भूतों के पीछे पहले से ही पड़े थे। भूत की चोटी काटने और लंगोटी छुड़ाने का असफल प्रयास पहले भी कर चुके थे, पर वह भूत नहीं था, रामा काका था, जिसने इन दोनों मित्रों को जमकर पीटा था।

तान्त्रिक चालू व्यक्ति था। उसने पहले से ही अपने पाँच साथियों को नाले में छिपे रहने को कह दिया था। योजना पक्की बना रखी थी क्या करना है। तान्त्रिक पहली बार ऐसा नहीं कर रहा था, वह अनुभवी था पहले भी ऐसे घपले कई बार किए और लोगों को ठगा और मारा। ऐसे कई प्रकरण निपटा चुका था। हर बार बदल बदलकर व्यक्ति लाता। इस बार नये व्यक्ति लाया।

मसान के पास खड़े हो गए। तान्त्रिक बोला, 'अब मसान जगाते हैं।'

अंटुराग ने सिर हिलाकर 'हाँ' कहा।

'मसान में तो सब मरे हुए लोग हैं, ये कैसे जागेंगे?' सुंटील ने पूछा।

'जागेंगे क्यों नहीं, मैं जगाऊँगा। देखो तुम्हारे सामने इन मुर्दों को नचा दूँगा' तान्त्रिक ने कहा, 'सामान सामने रख दो।'

सारा सामान नीचे रख दिया।

तान्त्रिक ने दो कूकड़ों की गर्दनें उड़ाई। थोड़ी सी मदिरा नीचे डाल दी। पन्द्रह मिनट तक छू मन्तर बोलता रहा। अब जोर से बोला, 'सावधान हो जाओ मसान जागेगा।'

सुंटील ने अपनी पेन्ट ऊपर खींच ली।

तान्त्रिक चिल्लाया 'हूकू हूकू।'

मसान के पीछे से आवाज आई 'हुई हुई।'

सुंटील दंग रह गया। उसकी आँखें तन गयीं।

तान्त्रिक फिर से बोला, 'हूकू हूकू।'

फिर आवाज आई 'हुई हुई।'

तान्त्रिक बोला, 'मसान जाग गया है।'

सुंटील को तान्त्रिक दमदार लगा। पूछा, 'अब क्या होगा?'

'अब सारे भूत अपने सामने आएँगे।'

'सामने आकर क्या करेंगे?'

'नाचेंगे।'

'और?'

'खाएँगे।'

'किसको?'

'कूकड़ों को।'

अंटुराग घबराया। बोला, 'मै घर जाऊँ।'

सुंटील ने कहा, 'नहीं।'

तान्त्रिक फिर जोर से बोला, 'हूकू हूकू।'

आवाजें आई 'हुई हुई।'

तान्त्रिक बोला, 'बुलाऊँ भूतों को?'

अंटुराग थरथराया। बोला, 'मैं घर जाऊँ।'

सुंटील ने डाँटा 'मुझे अकेला छोड़कर घर जाना चाहता है। नहीं जाने दूँगा।'

तान्त्रिक ने फिर से पूछा, 'बुलाऊँ भूतों को?'

अंटुराग ने कहा, 'अभी नहीं। मुझे लघुशंका कर लेने दो।'

सुंटील ने पूछा, 'भूत सामने आकर क्या करेंगे, सही सही बताओ?'

तान्त्रिक बोला, 'गीत गायेंगे।'

'और?'

'उछलेंगे।'

'और?'

'कूदेंगे।'

'और?'

'घूमेंगे।'

'और?'

'चूसेंगे।'

‘क्या?’
‘मुर्गे के रक्त को।’
‘और क्या करेंगे?’
‘बजाएँगे।’
‘क्या?’
‘ढोलक।’
‘और?’
‘पीयेंगे।’
‘क्या?’
‘दारू।’
‘और क्या क्या करेंगे?’
‘लोटेंगे।’
‘कहाँ?’
‘हमारे सामने।’
‘क्यों?’
‘उनको मजा आता है।’
‘और?’
‘पकड़ेंगे।’
‘किसको।’
‘दारू की बोतल को।’
‘और?’
‘हँसेंगे।’
‘क्यों?’
‘उनको मजा आता है।’
‘और?’
‘रोएँगे।’
‘क्यों?’
‘क्योंकि उनको भोजन नहीं मिलता।’
‘और क्या करेंगे?’

'चाटेंगे।'

'क्या?'

'दिमाग।'

'किसका?'

'मेरा।'

'क्यों?'

'क्योंकि मेरे दिमाग में गोबर भरा है' तान्त्रिक ने फिर आवाज लगाई 'हूकू हूकू।'

भूत बोले, 'हुई हुई।'

अंटुराग को पसीना छुटने लगा।

'अब इनको अपने पास बुलाऊँगा।'

'क्या वे अपने पास आएँगे?' सुंटील ने पूछा।

'हाँ।'

'ऐसा मत करो मैं मर जाऊँगा। अंटुराग घबराते हुए बोला।

'पास में मत बुलाओ, आक्रमण कर सकते हैं।' सुंटील बोला।

'कुछ नहीं करेंगे। कुछ किया तो मजा चखा दूँगा।'

अंटुराग पेड़ के पीछे छिपने लगा। सुंटिल उसे वापस खींच लाया।

तान्त्रिक ने जोर से कहा, 'हूकू हूकू।'

भूत बोला, 'हुई हुई।'

तान्त्रिक ने पूछा, 'क्या खाएगा?'

भूत ने इच्छा व्यक्त की 'कूकड़ा।'

तान्त्रिक ने कूकड़े को हाथ में उठाया। मंत्र बुदबुदाया और कहा, 'चल आजा, ले जा ये कूकड़ा।'

छम छम करते हुए भूत आने लगा। उसके पैरों में घुँघरू बँधे थे। नीचे लक्स की चड्डी पहना हुआ था, ऊपर उघाड़ा। सामने आकर खड़ा हो गया।

अंटुराग की पेन्ट गीली हो गई।

तान्त्रिक ने उसे कूकड़ा दिया। भूत हि हि हिचकता चला गया।

अंटुराग और सुंटील तान्त्रिक के पैरों में गिरकर कहने लगें 'आप बहुत महान है।'

'अब दूसरे भूत को बुलाता हूँ' तान्त्रिक ने जोर से 'हूकू हूकू' कहा।

दूसरा भूत 'हुई हुई' बोला।

'तू क्या खाएगा?'

'मैं दारू पीयूँगा।'

'कितनी?'

'एक बोतल।'

'चल आजा।'

भूत नाचते हुए आने लगा। इसके पैरों में भी घुँघरू बँधे थे। ठूमके लगा लगाकर नाच रहा था। नटखट था। पास में आकर भूत ने सुंटील और अंटुराग को बड़ी गौर से देखा, जैसे दोनों को पहचानता हो। दारू लेकर नाचते नाचते वापस चला गया।

अंटुराग चिल्लाया 'मर जाऊँगा बाप रे।' और वह नीचे बैठ गया।

यह सुनकर भूत भी हँसने लगे।

सुंटील ने समझाया 'डर मत, भूत सीधे साधे हैं, कुछ नहीं करेंगे।'

'तू घर चल।' अंटुराग ने सुंटील का हाथ खींचते हुए कहा।

'काम खतम करके ही घर जाएँगे।'

'मैं यहाँ मर जाऊँगा फिर घर जाने से क्या मतलब।'

'मर जायेगा तो तू भी इन भूतों के साथ भूत बन जाना।'

तान्त्रिक हँसने लगा।

'मेरी जान निकल रही और आपको हँसी आ रही।'

भूत भी हँसे।

तान्त्रिक हँसते हुए बोला, 'छू मन्तर।'

एक भूत जोर से हँसा और बोला, 'कोल्या कन्तर।'

'हूकू हूकू।'

'हुई हुई।'

'तू क्या खायेगा?'

'मैं पान खाऊँगा।'

'ले जा तेरा पान भी तैयार है।'

भूत पान लेकर चला गया।

अंटुराग घिघियाया 'तान्त्रिक जी अब भूतों को मत बुलाओ।'

तान्त्रिक बोला, 'छू मन्तर।'

भूतों ने कहा, 'कोल्या कन्तर।'

अंटुराग भागा। सुंटील पीछे दौड़ा। खजुर के पेड़ के पास पकड़ लिया और खींचते हुए वापस ले आया।

तान्त्रिक बनावटी गुस्से में बोला, 'तू बहुत कच्चे हृदय का है। अभी तो भूतों से मिलवाया है, अब बातें करवाऊँगा।'

'मैं बात वात नहीं करूँगा।'

सुंटील ने कहा, 'अपन भूतों की चोटी काटेंगे, जिससे अपना सारा काम यूँ ही हो जाएगा।'

'मेरी बोटी बोटी काँप रही और तुझे चोटी की पड़ी।'

तान्त्रिक बोला, 'छू मन्तर।'

भूत ने कहा, 'कोल्या कन्तर।'

'कोई एक भूत इधर आओ।'

'मैं आ रहा हूँ।' वह पास में आ गया।

'तू कैसे मरा?'

'पुलिस ने गोली मार दी थी।'

'तूने क्या गड़बड़ी की थी।'

'बैंक में डाका डाला था।'

सुंटील ने उस भूत को पहचान लिया। अंटुराग भी उसे जानता था। दोनों को महाआश्चर्य हुआ।

सुंटील बोला, 'अरे मैं इस भूत को पहचानता हूँ।'

भूत चला गया।

'छू मन्तर।'

'कोल्या कन्तर।'

'दूसरे भूत को भेजो।'

नया भूत आया।

सुंटील ने समय का सदुपयोग करना चाहा। वह मन ही मन हर्षित होने लगा कि यही समय है चोटी काटने का। सारी इच्छाओं की आपूर्ति का यही

एक साधन है। समय चुक गए तो कुछ भी हाथ नहीं लगेगा। उसने जेब से चाकू निकाला और धीरे-धीरे खोलने लगा।

तान्त्रिक ने भूत से पूछा, 'क्या नाम है तेरा?'

भूत बोला, 'भूत।'

'भूत तो है पर मरने से पहले नाम क्या था?'

'मरने से पहले मेरा नाम लाला था।'

सुंटील जोर से बोला, 'छू मन्तर।' और उछलकर भूत के पास खड़ा हो गया।

भूत बोला, 'कोल्या कन्तर।' और थोड़ा पीछे हट गया।

सुंटील फिर आगे बढ़ा और बोला, 'छू मन्तर।'

भूत फिर पीछे हटा और बोला, 'कोल्या कन्तर।'

तान्त्रिक चिल्लाया 'ये क्या कर रहा है?'

सुंटील बोला, 'इसकी चोटी काटूँगा।' कहते हुए भूत के ऊपर चढ़ बैठा।

अंटुराग झाड़ पर चढ़ गया। वहीं से पागल की तरह बड़बड़ाने लगा, 'छू मन्तर कोल्या कन्तर।'

भूत घबराया। तान्त्रिक से बोला, 'छू मन्तर बचाओ।'

तान्त्रिक बोला, 'कोल्या कन्तर छोड़ दो।'

सुंटील बोला, 'कोल्या कन्तर तेरी चोटी काटूँगा।'

'मेरे सिर पर चोटी नहीं है।'

'चोटी नहीं है तो तेरी लंगोट दे दे।'

'मैं लंगोट नहीं बाँधता।'

'तो क्या पहनता है।'

'चड्डी।'

'तो तेरी चड्डी दे दे।'

'नहीं दूँगा।'

'क्यों?'

'मैं नंगा हो जाऊँगा।'

'तो क्या हुआ।'

'मैं घर कैसे जाऊँगा। मुझे शर्म आएगी।'

'भूतों को भी शर्म आती है क्या?'

'अरे मैं भूत नहीं हूँ।'

तान्त्रिक ने सुंटील को खींचकर नीचे गिरा दिया। भूत भागने लगा तो सुंटील ने फिर से पकड़ लिया और बोला, 'भूत भाई कुछ न कुछ तो देना ही पड़ेगा।'

अन्य भूतों को दाल में काला लगा। उधर से एक भूत ने पूछा, 'छू मन्तर क्या हो गया।'

इधर से भूत बोला, 'तुम्हारी छू मन्तर को जाने दो भाड़ में, मैं मर जाऊँगा। ये मेरे ऊपर बैठ गया। चाकू मार देगा।'

वे लोग अब दौड़कर इधर आने लगे जो नकली भूत बनकर सुंटील और अंटुराग को डरा रहे थे।

अरविन्द बोला, 'सुंटील चाकू मत मारना ये हमारा साथी है।'

सुंटील नीचे उतर गया।

सारे लोगों ने अपना अपना नाम बताया।

अंटुराग भी पेड़ से नीचे उतर आया।

सुंटील बोला, 'मैं तो तुम्हें भूत ही समझा था।'

अंटुराग बोला, 'मैंने भी तुम लोगों को भूत समझा।'

सभी लोग हँसने लगे।

सुंटील ने पूछा, 'तुम लोगों ने ऐसा क्यों किया?'

मानस ने कहा, 'हमें भूत का रोल करने के लिए कहा था।'

अवि ने पोल खोली 'इस काम के लिए हमें दो हजार रुपये दिए थे।'

अरविन्द ने कहा, 'हमें कहा था कि दो लड़कों को लाऊँगा, उन्हें भूत बनकर डराना है।'

अंटुराग बोला, 'मसान जगाने के नाम पर हमसे पाँच हजार रुपये लिए थे।'

'किसने?'

'इसी तान्त्रिक ने।'

'तान्त्रिक को पकड़ लो, धोखेबाज है।'

सभी ने तान्त्रिक को पकड़ना चाहा पर नहीं दिखा। वह अन्धेरे में भाग गया।

नौ

द्रोण ने सिर के बाल मुंडवा दिए थे। विद्यार्थी पूछते, 'सर, आपने बाल क्यों कटवा दिए?' तब द्रोण मुस्कराते हुए उत्तर देते, 'कोई मेरा बाल भी बाँका न कर सके इसलिए कटवा दिए।' फिर द्रोण और विद्यार्थी साथ साथ खूब हँसते। विद्यार्थी द्रोण का बहुत सम्मान करते थे। जिस दिन द्रोण महाविद्यालय नहीं आते तो विद्यार्थी इधर से उधर चक्कर लगाते और ढुन्ड़ते। द्रोण उन्हें अच्छी शिक्षा दे रहे थे। एक दिन विद्यार्थियों को बताया, 'हम किसी का सम्मान नहीं कर सकते तो कोई बात नहीं परन्तु किसी का अपमान कभी मत करना।'

द्रोण का मुन्डन देखकर मिनकी, टमटम और घासीराम को स्वर्णिम अवसर हाथ लगा। उन्होंने योजना बनाई कि प्राध्यापक द्रोण के सिर को लक्ष्य बनाकर ताने मारने से, उपहास उड़ाने से अपना उद्देश्य पूर्ण हो सकता है। ऐसा करने से उसका अपमान होगा, उसकी हँसी उड़ेगी, अपनी झाँकी जमेगी। अब तक उसने जो सम्मान अर्जित किया वह धूल में मिल जाएगा।

द्रोण कार्यालय मे बैठे थे। घासीराम चुपके से द्रोण के पीछे खड़ा हो गया और उनके सिर पर मारने जैसी क्रिया करने लगा। मिनकी और टमटम लोमड़ी की भाँति हँसने लगीं। द्रोण देखते की ये लोग क्यों हँस रहे हैं तब घासीराम सीधा खड़ा रहता, कुछ नहीं करता। कुछ क्षण बाद फिर वैसे करने लग जाता। वह द्रोण के सिर को स्पर्श नहीं करता, स्पर्श करे तो पता चल जाता। अन्य प्राध्यापक भी हँसने लगे, कुछ उठकर बाहर चले गए। टमटम और मिनकी की हँसी नहीं रुक रही थी। द्रोण ने एकाएक पीछे पलटकर देखा तो घासीराम पकड़ा गया। वे समझ गए कि ये लोग मुझे ही हँस रहे हैं। उन्होंने सोचा लम्बी जीभ वाली महिलाओं के मुँह लगने से कोई मतलब नहीं। उठकर बाहर चले गए।

घासीराम फूलकर ढोल हो गया कि उसने नहार मार दिया हो या कोई गढ़ जीत लिया हो। टमटम के पास बैठ गया कि मुझे पुरस्कार मिलेगा। बोला, 'कैसी रही?'

टमटम मुस्कराकर बोली, 'क्या बात है सर, आपने तो धूम मचा दी।'

मिनकी मुँह चौड़ा करके कहने लगी, 'सर आपकी स्टाइल बहुत अच्छी थी।'

घासीराम को गर्वानुभूति हुई।

विचारणीय बात यह थी कि प्राध्यापक द्रोण इस अन्यायाचरण का प्रतिशोध नहीं कर रहे थे और न ही इस दुर्व्यवहार की आपत्ति दर्ज करा रहे थे। इस कारण घासीराम अधिक आक्रामक होने लगा। उसकी उन्मादकारी प्रवृति इतनी बढ़ गई कि उसे द्रोण ही दिखते, उन्हें ही ढूँढ़ता, उनका ही अपमान करता, उसका बस चले तो गोली मार देता। इतना साहस बढ़ गया था कि दुर्बुद्धि कुछ बड़ा काम करने को मचलने लगी। उसका मस्तिष्क एवं ईर्ष्यालु हृदय द्रोण के लिए जी का जंजाल बन गया। द्रोण पढ़ाने चले गए। घासीराम भी उधर चल पड़ा। जिस प्रकार पटेल की घोड़ी गाँव की सीमा तक दौड़ती है, उसी प्रकार घासीराम ने भी अपनी सीमा तय कर ली थी। द्रोण मुग्ध होकर समर्पित भाव से पढ़ाते थे। उनकी पढ़ाने की शैली, विषय ज्ञान एवं विद्यार्थियों के प्रति आत्मीय भाव के कारण कोई भी विद्यार्थी उनका कालखण्ड नहीं छोड़ता। कक्षा खचाखच भरी थी। द्रोण अपनी धुन में पढ़ा रहे थे। घासीराम द्वार में खड़ा हो गया और द्रोण के सिर पर मारने के संकेत करने लगा। वह इस भ्रम में था कि छात्र छात्राएँ हँसेंगे किन्तु कोई नहीं हँसा तो बिल्ली के जैसे कान नीचेकर के आगे निकल गया। विद्यार्थियों को बहुत बुरा लगा, यदि ऐसी अमर्यादित हरकत करने वाला कोई विद्यार्थी होता तो निश्चित ही सभी मिलकर पीटाई कर देते।

श्रेष्ठा रोने लगी। द्रोण तुरत फुरत उसके पास गए, सिर पर हाथ फेरते पूछा, 'क्यों रो रही हो?'

श्रेष्ठा रोते रोते बोली, 'सर, मुझे आपसे एक शिकायत है?' वह ज्यादा ज्यादा रोने लगी। कहने लगी, 'घासीराम सर जब देखो तब आपकी बेइज्जती करते हैं, आप उन्हें कुछ कहते क्यों नहीं?'

द्रोण चुपचाप सुनते रहे।

सुंटील बोला, 'घासीराम सर प्राध्यापक हैं इसलिए उन्हें हम छोड़ देते हैं, कोई दूसरा होता तो सिर फोड़ देते।'

छात्र छात्राएँ क्रोधित हो उठे। सभी घासीराम पर थूकने लगे।

'समय की प्रतीक्षा करो।' इतना कहते हुए द्रोण चले गए। कार्यालय में जाकर बैठ गए। मिनकी, टमटम और घासीराम उनके आसपास बैठ गए। चारों ने समीकरण गढ़ लिया कि इस अवसर को हाथ से जाने मत दो। घासीराम ने

पूछा, 'आपने सिर के बाल क्यों कटवा दिए?'

द्रोण ने कुछ उत्तर नहीं दिया।

घासीराम अटकल पच्चू बाँतें करने लगा। बोला, 'मैं दवाई बताता हूँ बाल अच्छे उगेंगे।'

टमटम बोली, 'जल्दी बताओ।'

घासीराम मखौल उड़ाने लगा। बोला, 'मिर्ची पिसकर सिर में लगा लो।'

सभी मुस्करा दिए।

मिनकी ने अपनी गपड़चौथ खोली। कहने लगी, 'सिर में प्याज बाँध लो।'

तीनों एकजुट होकर द्रोण पर टूट पड़े।

टमटम ने अधकचरा विचार व्यक्त किया। बोली, 'उल्टे उस्तरे से हजामत करवाया करो।'

मिनकी ने भी झपट्टा मारा। बोली, 'सिर में रद्दा फिरवा लो।'

द्रोण चुप बैठे रहे। अपनी अन्तर्दशाओं को प्रकट नहीं होने दिया।

तीनों अपनी भड़ास निकालने लगे।

'चूल्हे में सिर रगड़ने से बाल ठीक उगेंगे।'

'सिर पर खटिया बाँधने से फायदा होता है।'

'सिर में सब्जी लगाने से बाल घने हो जाते हैं।'

'सिर में बाल्टी बाँध लो।'

उन्होंने एड़ी से चोटी लगा दी।

'सिर में पुस्तकें बाँधने से लाभ होता है।'

थोड़ी देर के लिए वे तीनों कीड़े बन गए। उन्होंने खूब खरीखोटी सुनाई। द्रोण ने कुछ नहीं कहा, उठकर दूसरे कमरे में आ गए, क्योंकि उन्होंने बचपन में पढ़ा था कि मूर्खों को उपदेश देने से उनकी मूर्खता बढ़ती है, इसलिए उन्हें कुछ नहीं कहा। टमटम, मिनकी और घासीराम बन्दरों की तरह दो दो हाथ उछलने लगे। द्रोण ने अपने आप को नियन्त्रण में रखा, सन्तुलन नहीं खोया, बुरा तो लगा, क्रोध भी आया और भुजाएँ भी फड़की पर सोचा परछाई को स्थान बदलने में देर नहीं लगती। टेबल पर सिर टेक दिया, आँखें मूँद लीं, अपने आप को सांत्वना देने लगे कि जो ठोकर खाता है वही ठाकुर बनता है, मुझे समय की प्रतीक्षा करनी चाहिए, मेरा समय भी आएगा।

घासीराम कमरे में देखने आया कि द्रोण क्या कर रहा है। देखकर भाग गया, खूब हँसा। मिनकी भी देखने आई, द्रोण को इस मुद्रा में देख प्रसन्न हुई, ठुमके लगाती लगाती चली गई। टमटम का मन भी नहीं माना, दौड़ी चली आई, देखा और गुनगुनाते चली गई। तीनों को इतनी प्रसन्नता हुई, जितनी चूहे को चिन्दी मिलने पर होती है। इतने हर्षित कभी नहीं दिखे, नौकरी लगने पर भी नहीं, गाड़ी खरीदने पर भी नहीं, भवन बनाने पर भी नहीं। द्रोण को हताहत करना, उत्पीड़ित करना तथा ठिठोली करना, बहती नदी में लाठी मारने जैसा था, जिससे नदी का पानी दूर नहीं हो सकता था और न नदी सूख सकती थी न रुक सकती थी किन्तु ऐसा करने से उत्पातियों को मानसिक भोजन मिल रहा था।

यह घटना शनिवार को घटित हुई, दूसरे दिन रविवार था, सोचने समझने का पर्याप्त समय मिला। द्रोण का दम घूँट रहा था फिर भी उन्होंने धैर्यतापूर्वक निर्णय लिया बात आगे बढ़ाने से कोई औचित्य नहीं, जो हुआ अच्छा हुआ, पचास रुपये की मटकी फूटी पर कुत्ते की जात तो देख ली। इस परिघटना को भूल जाऊँ, सबसे मिलजुल के रहना श्रेष्ठ होता है, बदले और बैर की भावना रखना उचित नहीं। निश्चय किया कल घासीराम से इस सन्दर्भ में बात करूँगा। हम लोग आपस में लड़ेंगे तो विद्यार्थियों में गलत संदेश जाएगा और महाविद्यालय बदनाम होगी। प्रतिदिन तो मिलना है, साथ में रहना है, बैठकर बात कर लेने में ही समझदारी होगी, वैमनस्य बढ़ाना न्यायोचित नहीं होगा।

सोमवार को महाविद्यालय लगी। घासीराम मुख्यद्वार पर टमटम की प्रतीक्षा कर रहा था। समस्या का निराकरण हो जाए, प्राध्यापकों के बीच कोई मनमुटाव न रहे, आपस में सदभावना बनी रहे, इस मन्तव्य से द्रोण मुख्यद्वार पर आए और घासीराम से शालीनतापूर्वक पूछा, 'मैं आपसे कुछ बात करना चाहता हूँ।'

घासीराम आग खाकर अंगारे निकालने वाला प्राध्यापक तो था, वह क्या समझे शालीनता और सद्भावना को। वह कड़क वाणी में बोला, 'क्या बात करना चाहता है?'

घासीराम वरिष्ठ प्राध्यापक नहीं था और न द्रोण कनिष्ठ प्राध्यापक थे। सब साथ के ही थे। फिर भी द्रोण ने विनयशीलता नहीं खोई। पूछा, 'मुझसे क्या गलती हो गई जो आप मुझसे रूठे हैं।'

वह गर्म तवे पर तो बैठा हुआ था, भड़क गया 'जो भी कहना है खुला बोल, तू घूमा फिरा के मत बोल।'

द्रोण ने शान्त स्वर में कहा, 'आप लोगों को मुझसे कोई आपत्ति हो तो मिल बैठकर समाधान कर लेते हैं।'

घासीराम ने थोड़ा भी सदाचार नहीं दर्शाया। तू तूकारे बात करने लगा, 'तू दिमाग मत चाट। हमको तुझसे कोई आपत्ति नहीं है।'

'आपत्ति नहीं है तो आप लोग मेरी हँसी क्यों उड़ाते हो?'

घासीराम भड़क गया। क्रोध के मारे उसके हाथ पैर काँपने लगे। कहने लगा, 'तू गलत आदमी है। ज्यादा होशियार मत बन। तेरा सिर फोड़ दूँगा।'

अब द्रोण ने भी नियन्त्रण खो दिया। कब तक सहन करते। क्रोध में बोले, 'अब तू मेरा सिर फोड़कर दिखा।'

'चल यहाँ से चलता बन।'

'मैं नहीं जाऊँगा, तू मेरा सिर फोड़।' द्रोण ने कहा।

'तू जा यहाँ से।'

'तेरे बाप का महाविद्यालय है जो यहाँ से जाऊँ।' द्रोण सीना तानकर उसके सामने खड़े हो गए।

विद्यार्थी एकत्र हो गए।

'तू मेरे मुँह से गालियाँ मत निकलवा।'

द्रोण ने बाँहे चढ़ा लीं। घड़ी छोड़कर जेब में रख ली। बोले, 'यदि एक भी गाली दी तो तेरा मुँह तोड़ दूँगा।'

विद्यार्थियों में उत्साह जागरित हो गया।

घासीराम ने गाली दे दी।

द्रोण ने एक झापट मारकर घासीराम का दाहिना गाल लाल कर दिया। विद्यार्थी तालियाँ बजाने लगे।

घासीराम ने फिर गाली दी और कालर पकड़ ली। द्रोण ने बलशाली मुक्का मारकर मुहँ से रक्त निकाल दिया। द्रोण का रौद्ररूप देखकर घासीराम भाग गया।

घासीराम ने इस प्रकरण का उल्लेख किसी से नहीं किया। मुँह खोलता तो उसी का अपमान होता। धीरे से चिकित्सालय चला गया। तोमर बेनजी, ठाकुर

और कुलकर्णी बहुत देर से द्रोण को ढूँढ़ रहे थे। द्रोण और पटेल मंच के सामने वार्तालाप कर रहे थे। तोमर बेनजी दूर से ही बोली, 'द्रोण सर, हम लोग बहुत देर से आपको ढूँढ़ रहे है।'

तीनों प्राध्यापक द्रोण के पास आ गए।

'हम अपनी जिज्ञासाओं के समाधान के लिए आएँ हैं।' तोमर बेनजी ने कहा।

'मैं आप लोगों की सेवा में सदैव तत्पर हूँ।' द्रोण ने विनम्रतापूर्वत कहा।

'हमारे पास कुछ उलझे प्रश्न हैं, इनके उत्तर केवल आप ही दे सकते हैं।' ठाकुर ने कहा।

'जी पूछिए।'

'क्या सच में हमारे तैंतिस करोड़ देवता हैं?' ठाकुर ने पूछा।

'नहीं।'

'तो फिर?'

'तैंतिस कोटि देवता हैं।'

'लोग तो कहते हैं तैंतिस करोड़ हैं?'

'यह अपभ्रंष मध्यकाल में हुआ।'

'तैंतिस कोटि देवता से क्या आशय है?'

'तैंतिस कोटि देवता अर्थात तैंतिस प्रकार के देवता।'

'कौन-कौन से?'

'आठ वसु, ग्यारह रूद्र, बारह आदित्य, एक इन्द्र और एक प्रजापति।'

सभी प्रफुल्लित हो उठे।

'मेरी जिज्ञासा का समाधान करो।' कुलकर्णी ने पूछा।

'जी सर।'

'क्या वेदों में पशु हिंसा है?'

'नहीं।'

'फिर वेदों में गौमेध यज्ञ, अश्वमेघ और नरमेघ यज्ञ क्यों हैं?'

'अग्नि में घृत के साथ अन्य सात्विक सामग्री से होम करना अश्वमेघ यज्ञ कहलाता है।'

'और गौ गौमेध यज्ञ?'

'अनाज, पृथ्वी, और इन्द्रियों को पवित्र रखना गोमेध यज्ञ कहलाता है।'

'और नरमेध यज्ञ?'

'मृत्यु उपरान्त मानव के पार्थिव शरीर का दाह संस्कार करना नरमेध है।'

'तो फिर इन अर्थों का अनर्थ किसने किया?'

'जो लोग वेदों का गूढ़ार्थ नहीं समझ पाए, उन्होंने ये अनर्थ किया।'

'हमें ठीक ये समझाइए?'

'वेदों के छ: अंग होते हैं- शिक्षा, व्याकरण, छन्द, निरूक्त, ज्योतिष और कल्प।'

'ठीक है।'

'वेदों का यथार्थ ज्ञान प्राप्त करने के लिए पहले इन छ: वेदागों का ज्ञान प्राप्त करना आवश्यक है।'

'क्यों?'

'क्योंकि इन वेदागों के माध्यम से ही वेदों का सही अर्थ ज्ञात होता है।'

'सही कहा आपने।'

'जिन लोगों ने वेदांग नहीं पढे, उन लोगों ने अर्थ का अनर्थ कर दिया।'

'अब बात समझ में आई।'

चारों प्राध्यापक चुपचाप सुन रहे थे। सभी को वास्तविकता का पता चल रहा था।

'सर मुझे भी दो प्रश्न पूछने हैं?' तोमर बेनजी ने कहा।

'जी, पूछिए।'

'मेरा पहला प्रश्न ये है कि क्या स्त्रियों को वेद पढ़ने का अधिकार नहीं था।'

'स्त्रियों को वेद पढ़ने का अधिकार था। वेद पढ़कर ही तो सीता, सावित्री, मैत्रेयी, गार्गी जैसी लाखों माताएँ विदुषी बनी थीं।'

'सर, मेरा दूसरा प्रश्न है कि क्या द्रोपदी के पाँच पति थे?'

'नहीं। द्रोपदी का केवल एक ही पति था युधिष्ठर।'

'फिर पाँच पति वाली बात किसने फैलाई?'

'हमारे शास्त्रों को बिगाड़ने के लिए कुछ लोगों ने झूठे श्लोक बनाकर ग्रन्थों में मिला दिए।'

'सर मैं आपकी बातों से संतुष्ट हूँ। आपका सौ प्रतिशत समर्थन करती हूँ।'

तोमर बेनजी ने भावविभोर होकर कहा।

'धन्यवाद बेनजी।'

'सर मैं सीनियर प्राध्यापिका हूँ पर सीनियर होना ही सबकुछ नहीं होता। आप को मुझसे भी ज्यादा ज्ञान और अनुभव है। मैं और मेरे जैसे अन्य प्रध्यापक जो अपनी वरिष्ठता पर घमण्ड करते हैं, वह केवल अहंकार है। नैतिकता, ज्ञान और अनुभव ही श्रेष्ठ होता है, सीनियरटी नहीं।'

'मैं आपकी वरिष्ठता का सम्मान करता हूँ।' द्रोण ने सिर झुकाकर कहा।'

अब पटेल ने अपनी जिज्ञासाओं को द्रोण के सामने रखा। पूछा, 'सर, मुझे भी कुछ प्रश्न पूछने हैं।'

'जी सर पूछो।'

'क्या हनुमान जी बन्दर थे?'

'न हनुमान जी बन्दर थे और न जामवन्त भालू थे।'

'सभी तो यही कहते हैं?'

'क्या बन्दर कटिवस्त्र पहनते हैं?'

'नहीं।'

'हनुमान जी तो कटिवस्त्र धारण करते थे।'

'हाँ।'

'क्या बन्दर योग करते हैं?'

'नहीं।'

'हनुमान जी तो अष्टांग योग करते थे।'

'क्या बन्दर व्यायाम करते हैं?'

'नहीं।'

'हनुमान जी ने तो अपने शरीर को बलिष्ठ बना लिया था।'

'बन्दरों ने कभी अस्त्र शस्त्र विद्या प्राप्त की है।'

'नहीं।'

'जबकि हनुमान जी तो अस्त्र शस्त्र संचालन में निपुण थे। गदा उनका प्रिय शस्त्र था।'

'हाँ।'

'इन तथ्यों से पता चलता है कि हनुमान जी बन्दर नहीं थे।'

'जी सर।'

'वाल्मिकी रामायण में हनुमान जी के वास्तविक चरित्र का पता चलता है।'

'तो फिर हनुमान जी कौन थे?'

'ब्रम्हचारी थे, योगी थे, योध्दा थे, देवता थे।'

सभी प्राध्यापकों के मुखमण्डलों पर पुलकावलि इठलाने लगी। उल्लसित शब्दों से द्रोण को धन्यवाद देने लगे और उन्मुक्त कण्ठ से आभार व्यक्त करने लगे।

द्रोण ने निराकरणीय तथ्यों से भ्रम को निर्मूल कर दिया। अनायस महाविद्यालय में हंगामा होने लगा। विद्यार्थी और प्राध्यापक उस हंगामे को देखने के लिए कमरों से बाहर निकलने लगे, जबकि हंगामा वहाँ तक आ गया जहाँ पर द्रोण के साथ चारों प्राध्यापक वार्तालाप कर रहे थे। हंगामा करने वाली एक महिला थी, जो प्राचार्य कड़कनाथ की पूर्व प्रेमिका है। वह मिनकी को मार रही थी और बाल पकड़कर घसीट रही थी। महिला ने मिनकी से कहा, 'क्यों ओ पेन्सीपाल तेरे बलमा है न।'

'नहीं है।' मिनकी बोली।

छात्र मुस्कुराए।

'तू उसकी बलमी है।'

'नहीं हूँ।'

छात्राएँ लजाने लगीं।

'तेरे तो आठ दस बलमा होंगे।' और महिला मिनकी को लात मुक्के मारने लगी। फिर उसने झामरा से पूछा, 'पेन्सीपाल कहाँ है?'

झामरा ने कहा, 'क्या काम है?'

वह हाथ हिलाते बोली, 'आज उसकी फोटू खीचूंगी।'

'तुम्हारे पास केमरा तो है ही नहीं।' झामरा बोला।

अब पैर हिलाते बोली, 'चप्पल तो है।'

झामरा ही ही ही करके हिचका। कहने लगा, 'चप्पल से क्या फोटू खिचाती है।'

'तेरी फोटू खींच के दिखाऊँ क्या?'

झामरा सावधान मुद्रा में खड़ा हो गया। कहा, 'बता।'

उसने चप्पल निकालकर झामरा के गाल पर दे मारा।

झामरा उछलने लगा, 'ये क्या कर रही हो?'

'फोटू खींच रही हूँ।'

'अब मत खींचना।'

'तो बता पेन्सीपाल कहाँ है?'

'मुझे नहीं पता।'

अंटुराग और सुंटील भी आ गए।

मिनकी ने समय का सदुपयोग किया और कड़कनाथ के पास भाग गई।

गाल मलते हुए झामरा अल्ल बल्ल बकने लगा, 'पेन्सीपाल साब का फाटा खींचेंगी, फोटी खिंचेंगी, फोटू खिंचेंगी।'

प्राचार्य कड़कनाथ मिनकी मेडम, टमटम तथा बन्टा बाबू एक कक्ष में छिप गए और अन्दर से द्वार बन्द कर दिया।

काबर्या ने बता दिया 'उस कमरे में छिप गए हैं। दोनों चरित्रहीन हैं।'

कृति ने मुँह बनाते कहा, 'सर आप भी दूध के धूले नहीं हो।'

काबर्या चुप हो गया और नीचे देखने लगा।

महिला द्वार को धक्का मारते बोली, 'दरवाजा खोलो।'

महाविद्यालय में भूकम्प आ गया।

कड़कनाथ हड़बड़ाकर बन्टा बाबू से बोला, 'मिनकी मेडम को घर पहुँचा दो।'

बन्टा बाबू ने कहा, 'कैसे?'

'पीछे के दरवाजे से।'

मिनकी रोने लगी। टमटम चिखने लगी।

'जल्दी करो।' कड़कनाथ बोला।

बन्टा बाबू ने पिछला दरवाजा खोला तो वहाँ महिला खड़ी थी। वह अन्दर घुस गई। हाथ में चप्पल था। मिनकी बेंच के नीचे घुस गई। बन्टा बाबू टेबल के नीचे घुस गया। टमटम ने दरी ओढ़ ली और कोने में छिप गई। महिला ने कड़कनाथ के कान में चप्पल मारा। कान में सन्न सन्न बजने लगा। सन्नाटा छा गया। वह बोली, 'क्यों रे बलमा तू आधी उमर का अधेड़ हो गया फिर भी तेरा पेट नहीं भरा।' भीड़ बढ़ गई थी। कड़कनाथ झट से अलमारी के पीछे छिप

गया। महिला ने पूछा, 'किधर गया?'

श्रेष्ठा ने बता दिया 'अलमारी के पीछे है।'

महिला ने पीठ पर चप्पल मारा तो कड़कनाथ 'उं उं' करने लगा। श्रेष्ठा कहने लगी, 'उं करो या चूं करो आज तो आपकी झाँकी निकल जाएगी।' फिर तो कड़कनाथ के नितम्बों पर, मुँह पर, सिर पर सटासट चप्पलें पड़ीं।

कृति भी वहीं थी। बन्टा बाबू की ओर उँगली बताते बोली, 'एक वहाँ छिपा है।'

बन्टा बाबू को भी चप्पल मारी।

कृति ने कहा, 'जितनी पी रखी है सब उतर जाएगी।'

अंटुराग ने टमटम की ओर हाथ बताते हुए कहा, 'एक उस कोने में छिप गई है।'

महिला ने टमटम को लात ही लात मारी।

झामरा अभी भी 'फोटा, फोटी, फोटू।' चिल्ला रहा था।

मानस ने कहा, 'इसे पानी पिलाओ तब ठीक होगा।'

अवि ने झामरा को पानी पिलाया तब जाकर वह ठण्डा पड़ा।

सुंटील चिल्लाया 'प्राचार्य सर तो भाग गए हैं।'

महिला ने पूछा, 'किधर गया।'

अंटुराग ने उँगली बताते हुए कहा, 'उस दीवार के पास चले गए हैं।'

भित्ति के पास जाकर महिला ने कड़कनाथ को मार मारकर नरमनाथ बना दिया। फिर वह नरमनाथ भित्ति फाँदकर भाग गया।

दस

महाविद्यालय में उदासी छा गई। जिधर देखो उधर और जिसके मुँह सुनो वह एक ही बात कहता कि द्रोण सर का स्थानान्तरण हो गया। प्राध्यापक और विद्यार्थी निराश दिख रहे थे। कभी किसी ने सोचा नहीं था और न समझा था कि एक वर्ष के अन्दर डॉ. द्रोण भारतीय प्राध्यापकों और विद्यार्थियों के हृदय में इतना पवित्र स्थान बना लेंगे। जो भी हुआ, जैसा भी हुआ, जिस कारण भी हुआ पर राजनीति ने अपना गन्दा रंग दिखा दिया और द्रोण के स्थानान्तरण का आदेश आ गया। महाविद्यालय में द्रोण का विदाई समारोह रखा गया। संचालन पटेल ने किया। स्वागत के बाद द्रोण को सम्बोधन के लिए आमन्त्रित किया गया।

द्रोण ने सभी का अभिवादन किया। सबका सम्मान प्रकट करते हुए बोलने लगे। जब अंग्रेज भारत छोड़कर गए तो कह गए कि हम गोरे अंग्रेज तो जा रहे हैं मगर काले अंग्रेजों को यहीं छोड़ जा रहे हैं। ये काले अंग्रेज कौन है? ये काले अंग्रेज हमारे बीच के ही वे लोग हैं, जिनके दिमाग में अंग्रेजों ने कचरा भर दिया कि भारत में कोई वैज्ञानिक नहीं हुआ, कोई डाक्टर नहीं हुआ, कोई महापुरुष नहीं हुआ, जबकि सत्य तो यह है कि हमारा देश जगतगुरु था। ज्ञान, विज्ञान, कला , साहित्य, प्रौद्योगिकी हमारे यहाँ से ही प्रादुर्भूत हुई। हमारे लिए यह अप्यायित विषय है कि भारत में जितने वैज्ञानिक हुए इतने पृथ्वी पर कही भी अभ्युदयिक नहीं हुए। हमारे पूर्वज उत्कृष्ट खोजों के प्रस्तोता तथा उन्नत अविष्कारों के प्रदाता थे। प्राचीनकाल में हमारे यहाँ सर्वश्रेष्ठ वैज्ञानिक, वैद्य, महापुरुष, विद्वान, राजनेता हुए हैं।

बन्धुओं, प्राचीन शिक्षा सर्वश्रेष्ठ थी। उस शिक्षा पद्धति से मनुष्य का सर्वांगीण विकास किया जाता था। आत्मिक विकास, मानसिक विकास, बौद्धिक विकास और शारीरिक विकास, इन चार प्रकार के विकास से विद्यार्थी कभी अधूरा नहीं रहा। आत्मीय विकास होने से वह सबसे आत्मीय भाव रखता था। इस गुण के विकसित होने से वह देश को भूमि का टुकड़ा नहीं अपितु भारत माता कहता था। गाय को गौमाता और संसार के समस्त मनुष्यों को अपना भाई

समझता था। मानसिक विकास से मन बड़ा हो जाता था। प्रेम से रहना, भलाई के काम करना, पिछड़ों को आगे बढ़ाना, भूखों को भोजन कराना। उसके मन में यह भाव जाग जाता था कि यह मेरा समाज है, इसकी सेवा मैं करूँगा। बौद्धिक विकास होने से विद्यार्थी ज्ञानवान हो जाता था। व्यवहार, चरित्र एवं नैतिक शिक्षा से ओतप्रोत हो जाता था। शारीरिक विकास के लिए योग, व्यायाम और अस्त्र शस्त्र सिखाए जाते थे।

हमारी पाठशालाओं मे प्रकृति का ज्ञान, अध्यात्म का ज्ञान, गृह नक्षत्रों का ज्ञान, गणित, भौतिक, रसायन, जीव विज्ञान, खगोल, भूगोल, ज्योतिष, इतिहास, अर्थशास्त्र, राजनीति, वस्त्र विज्ञान, धातु विज्ञान, भाषा, साहित्य और योग की शिक्षा दी जाती थी। दण्ड युद्ध, नियुद्ध, मल्लयुद्ध, धनुर्विद्या सिखकर विद्यार्थी राष्ट्र और समाज की रक्षा करते थे। हमारे देश में एक लाख से भी अधिक गुरुकुल थे। एक गुरुकुल में लगभग 300 विद्यार्थी पढ़ते थे। 500 से अधिक विश्वविद्यालय थे। जब बालक बालिका की अवस्था 5 वर्ष, 5 मास और 5 दिन की हो जाती थी तब उसका प्रवेश गुरुकुल में कर दिया जाता था। इसलिए कहता हूँ प्राचीन शिक्षा सर्वश्रेष्ठ थी।

इस धरती पर अथवा इस संसार में परमाणु विज्ञान के जन्मदाता महर्षि कणाद हैं। उन्होंने वैशेषिक दर्शन में उदघाटित कर दिया था कि अणु परमाणु क्या है। वर्तमान में परमाणु विज्ञान का श्रेय डाल्टन को दिया जाता है, जो हमारे साथ अन्याय है। पृथ्वी के आकार प्रकार और गुरुत्वाकर्षण बल की खोज भास्कराचार्य ने की थी। सिद्धान्त शिरोमणी ग्रन्थ में इस पूजिव्य खोज के बारे में पूज्यमान भास्कराचार्य ने प्रकटित किया कि पृथ्वी में गुरुत्व है, आकर्षण है, इस कारण वस्तुओं को अपनी ओर खींचती है। इसका श्रेय भास्कराचार्य को मिलना चाहिए पर इसका खोजकर्ता न्यूटन को बताया जा रहा है, जो अनुचित है, गलत है। वैदिक गणित पढ़िए, जिससे शीघ्रताशीघ्र सवालों को हल किया जा सकता है। भास्कराचार्य के ग्रन्थों में सारा गणित आ गया है। क्षेत्रफल, घनफल, क्षेत्रमिति, पूर्णांकों का योग, अन्तर, गुणा, भाग, वर्गमूल, घन, घनमूल, समकोण, त्रिभुज, त्रिकोणमिति, बीजगणित, रेखागणित इत्यादि। प्रकाश की गति के अनुसन्धानकर्ता सायणाचार्य थे। उन्होंने बहुत पहले ही बता दिया था कि प्रकाश आधे निमेष में दो हजार दो सौ दो योजन चलता है। जबकि दुनिया इस

खोज का श्रेय ओले क्रिस्टेंसेन रोमर को दे रही है, जो हमारे साथ भेदभाव है। सूर्यग्रहण, चन्द्रग्रहण, सूर्योदय, सूर्यास्त, पृथ्वी घूमती है और पृथ्वी से ग्रहों की दूरी आर्यभट्ट की खोज है, जिसका आर्यभट्टीय ग्रन्थ में विस्तृत वर्णन मिलेगा। सैकड़ों वर्ष पहले ही आर्यभट्ट ने पाई रेशो का मूल्य लिख दिया था। महर्षि अगस्त्य ने अगस्त संहिता में विद्युतिय सेल के निर्माण की विधि बता दी थी, पर इसका श्रेय डेनियन को दिया जाता है। प्रकाश संश्लेषण के अन्वेक्षक महर्षि पाराशर हैं। पाराशर ने वृक्ष आयुर्वेद में वनस्पति विज्ञान की अन्वयार्थ प्रस्तुत की तथा बताया की वृक्ष पानी कैसे पीते हैं परन्तु इसका खोजकर्ता यान इंगेनहाउज को बताया जाता है।

सभी चुप थे। कोई स्पन्दन नहीं। विद्यार्थियो को गर्व हो रहा था हमारे यहाँ कितनी श्रेष्ठ वैज्ञानिक परम्परा थी। द्रोण बोलते ही जा रहे थे।

यह सर्वविदित है की प्रारब्ध से ही भारत परमार्थी रहा, गणित में अग्रणी था। सारी प्रशस्तिसूचक विद्याओं का प्रणेता भारत है। जिसे पायथागोरस प्रमेय के नाम से संसार में प्रख्यापित किया गया वह बोधायन सूत्र है। इसके सूत्रकार महर्षि बोधायन हैं। यह है भारत की मेधा शक्ति। ऐसा था भारत का गणित। इसलिए भारत महान है। इसीलिए आर्यावर्त को जगतगुरु कहा जाता था। चिकित्सा के क्षेत्र में भी हमने संसार को स्वस्थ्य, सुखी और सुन्दर बनाया। आयुर्वेद जैसी सर्वश्रेष्ठ चिकित्सा पद्धति भारत में प्रसूत हुई। त्वचा का प्रतिरोपण करना, जिसे प्लास्टिक सर्जरी कहा जाता है, इसका प्रस्फूटन हमारे यहाँ हुआ और शल्य क्रिया जिसे ऑपरेशन कहा जाता है, यह भी हमारे यहाँ प्रस्फूटित हुई। महर्षि सुश्रुत इसके जन्मदाता है। औषधियाँ और औषधालय, चिकित्सा शास्त्र और चिकित्सालय, आयुर्वेद और वैद्य तथा उपचार और उपकरण हमारे यहाँ सर्वश्रेष्ठ थे। महर्षि सुश्रुत ने शल्य क्रिया द्वारा विश्व को आरोग्यता प्रदान की। उनकी आरोग्यशाला में विभिन्न प्रकार के उपकरण उपलब्ध थे। सुश्रुत संहिता में जीवाण्विक, विषाण्विक और किटाण्विक रोगाणुओं एवं उनका उपचार उल्लेखित है। महर्षि चरक ने औषधियों से विश्व को निरोग्यता प्रदान की। उनकी निरोग्यशाला में विभिन्न प्रकार की औषधियाँ उपलब्ध रहती थीं। चरक संहिता में रोगशून्यता प्रदान करने वाली औषधियों का उल्लेख है। धन्वन्तरि की महत्ता को भूलाया नहीं जा सकता, पूनर्वसु के अन्वेषित तथ्य शिरोधार्य है, अग्निवेश

की अवधारणाएँ स्तुत्य हैं, दृढ़बल की सेवा भी उत्तमोत्तम है, आत्रेय की विधियाँ अविस्मरणीय रहेगीं, भेल का योगदान नहीं भुलेंगे, हारीत की संकल्पना ध्यान रहेगी तथा क्षारपाणि की पुण्यता को प्रणाम करते हैं।

हमारे पूर्वजों ने जितनी खोजे एवं अविष्कार किए इतने अन्य देशों ने नहीं किए। वेदों में अविष्कार और खोजें प्रचुर मात्रा में उपलब्ध हैं। अन्य देशों के लोग संस्कृत के ग्रन्थों को विदेशों में ले गए और हमारे वैज्ञानिकों की खोजों एवं अविष्कारों को उनके नाम करवा लिया। भारत में लाखों भट्टियाँ थीं। यहाँ की प्रौद्योगिकी, लोहा, स्टील बनाने की विधियाँ भी चोरी छिपे विदेश ले गए।

यह विश्वविख्यात है कि शून्य का अविष्कार हमारे यहाँ हुआ, दशमलव का अविष्कार हमारे यहाँ हुआ, दुनिया को हमने गिनती दी। ये विद्वान कहाँ पढ़े होंगे, इनको यह ज्ञान कहाँ से मिला होगा? इन प्रश्नों का एक ही उत्तर है कि भारत के गुरुकुलों में इन्होंने ज्ञान प्राप्त किया था। हमारे गुरुकुलों से शिक्षा संसार में पहुँची। इससे स्पष्ट हो रहा कि हमारी प्राचीन शिक्षा प्रणाली श्रेष्ठ थी।

द्रोण आगे बोलने लगे। कौन कहता है कि हमें भूगोल का ज्ञान नहीं था या हमें पढाया नहीं या पढ़ा नहीं, ये बात जो भी कहता है वह मूर्ख है या अज्ञानी है या षडयन्त्रकारी है। हमारे गुरुकुलों में भूगोल के ख्यात जानकार रहते थे, प्रकाण्ड विद्वान रहते थे, निपुण आचार्य थे। मैं डंके की चोट पर कहता हूँ कि सारी दुनिया का नाम संस्कृत में था, जो हमारे आचार्यों ने रखा था, जिसका पुष्ट प्रमाण हमारे पास उपलब्ध है। सात द्वीपों और सात समुद्रों के नाम संस्कृत में थे। जम्बुद्वीप, शाकद्वीप, कुशद्वीप, क्रौंचद्वीप, शाल्यकद्वीप, मगधद्वीप (गोमेधद्वीप) पुष्करद्वीप, ये सात महाद्वीप हैं। लवणोदधि अर्थात क्षार समुद्र, इक्षुरस समुद्र, मदिरा समुद्र, घृत समुद्र, दधि समुद्र, क्षीर समुद्र, स्वादूदक समुद्र, ये सात महासागर हैं। पर्वतों का राजा सुमेरु पर्वत, नील पर्वत, श्वेत पर्वत, श्रृंगवान पर्वत, निषध पर्वत, हेमकूट पर्वत, हिमशैल पर्वत, माल्यावान पर्वत, गन्धमादन पर्वत, लोक पर्वत, आलोक पर्वत, ये संसार के पर्वत हैं।

विद्यार्थियों ने जमकर तालियाँ बजायीं। छात्र जयघोष लगाने लगे, 'भारत माता की जय।'

पुरा पाण्डाल जयघोषों से गूञ्ज उठा।

द्रोण ने आगे कहा। भारत में राजनीति की पढ़ाई उच्चकोटि की होती

थी। हमारे यहाँ बड़े बड़े राजनीतिज्ञ, कूटनीतिज्ञ एवं रणनीतिकार हुए हैं। भीष्म, विदुर, शुक्र, चाणक्य आदि विद्वानों की नीतियाँ पाठशालाओं में पढ़ाई जाती थीं। चाणक्य नीति तो विश्वविख्यात है। चाणक्य ने 'अर्थशास्त्र' नाम के अनुपम ग्रन्थ का सृजन किया। हमारी विडम्बना है कि हमें स्वतन्त्रता के बाद कभी भी भीष्म नीति, विदुर नीति, शुक्रनीति, चाणक्य नीति नहीं पढ़ाई गई अपितु हमारे सिर में प्लेटो, अरस्तु, सुकरात आदि विदेशियों की नीतियों को बलपूर्वक थोपा गया।

अब पाण्डाल एकदम शान्त। ऐसा लगने लगा सभी ने साँसें रोक ली हैं। विद्यार्थियों को पहली बार पता चला कि हमारा भारत ऐसा था।

द्रोण बोलते ही जा रहे थे। हमारे देश के शिक्षा संस्थान साहित्य में जितने समृद्ध थे, उतने विश्व के कोई भी संस्थान नहीं। हमारे विश्वविद्यालय, महाविद्यालय एवं पाठशालाओं की पुस्तकालय साहित्य का विशद भण्डार थीं। वेद, उपवेद, उपनिषद, स्मृतियाँ, श्रौतसूत्र, शुल्वसूत्र, धर्मसूत्र, दर्शनशास्त्र, ब्राह्मण ग्रन्थ, आरण्यक, गीता, रामायण, महाभारत, धर्मसूत्र, प्रातिशांख्य, व्याकरण, छन्द, इत्यादि ग्रन्थ हमारे विद्यार्थियों का ज्ञान बढ़ाते थे। बड़े बड़े लेखकों, कवियों और विद्वानों ने साहित्य का सृजन किया। महर्षि पाणिनी, महर्षि बोधायन, महर्षि याज्ञवल्क्य, महर्षि भारद्वाज, महर्षि गौतम, महर्षि कणाद, महर्षि कपिल, महर्षि पतंजलि, महर्षि जैमिनी, महर्षि व्यास, महर्षि वाल्मिकी, कालीदास आदि सर्वोत्कृष्ट ऋषियों एवं कवियों द्वारा प्रेरणाप्रद ग्रन्थ लिखे गए।

आज बच्चे बच्चे को बताने की आवश्यकता है कि भारत महान क्यों है। भारतीयों को भारत की महानता के बारे में पता ही नहीं है। स्वतन्त्रता के पचहत्तर वर्षों बाद भी हम हमारे राष्ट्र की महानता से अनभिज्ञ हैं।

द्रोण ने अपने व्याख्यान को जारी रखा। सृष्टि की उत्पत्ति की कालगणना भारत के पास है। भारतीय कालगणना ही विश्व की प्राचीन कालगणना है। भारतीय कालगणना को संसार में स्थापित करना चाहिए ताकि सारे जगत को पता चल सके कि भारतीय कालगणना ही सृष्टि की कालगणना है। भारतीय स्थापत्य कला विश्व में सर्वश्रेष्ठ है। महर्षि भृगु कृत भृगु संहिता, विश्वकर्मा कृत विश्वकर्मा वास्तुशास्त्र और महर्षि काश्यप कृत काश्यप शिल्प में भारतीय स्थापत्य कला का विस्तृत वर्णन है, जो हमारे लिए गर्व का विषय है। हमारा प्राचीन रसायन

शास्त्र उत्कृष्ट था। बड़ी बड़ी प्रयोगशालाएँ थीं, उत्कृष्ट यन्त्र थे, विभिन्न विधियाँ थीं। प्राचीन ग्रन्थों में हमारी उत्कृष्टता का प्रमाण उपलब्ध है। नागार्जुन कृत रसरत्नाकार, सोमदेव कृत रसेन्द्र चूड़ामणि, यशोधर कृत रस प्रकाश सुधाकर, रामचन्द्र कृत रसेन्द्र चिन्तामणि और वाग्भट्ट कृत रसरत्न समुच्चय आज भी हमारे रसायन शास्त्रियों तथा रसायन शास्त्र की श्रेष्ठता का जयघोष लगा रही हैं।

मेरे भारतवासियों जागो। कब तक सोते रहोगे। जागे नही तो संसार के मानचित्र से हम मिट जाएँगे। हमारी संस्कृति और सभ्यता के चिन्ह भी नहीं दिखाई देंगे। हमें मिटाने के लिए संसार की बड़ी बड़ी पशुवत शक्तियाँ पीछे पड़ी हुई हैं। तुम एक बार जागकर तो देखो, एक बार अंगड़ाई लेकर तो देखो, एक बार हूँकार भरकर तो देखो। ये पशुवत शक्तियाँ आज से नहीं पिछली कई शताब्दियों से भारत के पीछे पड़ी हुई हैं। इनको भारत से ईर्ष्या क्यों है? इनको आर्यावर्त से आपत्ति क्यों है? इनको हिन्दुस्तान से द्वेष क्यों है? विदेशी आक्रान्ताओं ने जब नालन्दा और तक्षशिला विश्वविद्यालय को जलाया तो उनके पुस्तकालय कई महीनों तक जलते रहे। कितना साहित्य जल गया होगा। कितनी दुर्लभ पुस्तकें जलकर भष्मीभूत हो गईं। कितनी ही खोजों, अविष्कारों का लिखित रूप जलकर खाक हो गया। मानवता के शत्रुओं ने ज्ञान की पुस्तकों को जला दिया, शिक्षकों को मार डाला, हमारे शिक्षा केन्द्रों को तोड़ डाला। विदेशियों ने हमारे गुरुकुल क्यों तोडे, विश्वविद्यालय क्यों तोड़ीं, विद्वानों की हत्याएँ क्यों की, पुस्तकालयों को क्यों जलाया? हमारी सर्वश्रेष्ठ शिक्षा प्रणाली को समाप्त क्यों किया। थोड़ा सोचो, विचारो, चिन्तन करो और जागो।

हमने संसार का क्या बिगाड़ा था जो हम पर इतने अत्याचार किए। हमने तो संसार को ज्ञान दिया, विज्ञान दिया, कलाएँ दीं, साहित्य दिया। हमने संसार को सबकुछ दिया। हमारे पूर्वजों ने जगत की सेवा की। इतिहास उठाकर देख लो संसार का हमने हित किया अहित नहीं। मानव से हमने प्रेम किया घृणा नहीं। संसार के सभी देशों सभी दिशाओं के मानव को हमने भाई माना 'वसुदैव कुटुम्बकम' का महामंत्र देकर हमने सभी मनुष्यों को अपना परिवार अपना कुटुम्ब माना। सर्वेभवन्तु सुखिनः, सर्वे सन्तु निरामया, सर्वे भद्राणी पश्चन्तुः मा कश्चित् दुख भाग्भवेत कहकर सभी मनुष्यों के कल्याण की बात कही। फिर हम पर आक्रमण क्यों किए, हमे पददलित क्यों किया? हमें क्यों लूटा, हमारे देश

के टूकड़े क्यों किए? ये सोचने की बातें हैं, समझने की बात हैं। भारत ने सभी देशों का सम्मान किया, फिर भी विदेशी दुर्जन शक्तियाँ अभिमान के नशे में मदोन्मत हैं।

इस अभिमान से कौन लड़ेगा? कौन इसे परास्त करेगा? इन प्रश्नों का उत्तर है कि हमें स्वाभिमान को जगाना पड़ेगा। स्वाभिमान ही अभिमान को धूल चटा सकता है, पर स्वाभिमान है कहाँ? स्वाभिमान हमारे अन्दर है, इसे जगाओ। अपनी सनातन संस्कृति का स्मरण करो, अपने पूर्वजों को स्मरण करो, ऋषि महर्षियों का ध्यान करो, महापुरुषों की गौरवगाथाओं को पढ़ो, महान नारियों की पुण्य कथाओं को सुनो, रणबाँकुरों की शौर्य गाथाएँ पढ़ो, बलिदानियों का इतिहास पढो तो स्वाभिमान जागेगा। स्वाभिमान जाग गया तो चुनौतियाँ औंधे मुँह जा गिरेंगी।

भारत को हड़पने वाले टट्टपूंजे इस उधेड़बुन में लगे हैं कि भारत को फिर से तोड़ दें। अरबों खरबों रुपये व्यय कर हमारी आँखों में धूल झोक रहे हैं। इतना होने के बाद भी यदि हम मूकदर्शक बन बैठे रहे तो हमारा अस्तित्व समाप्त हो जाएगा। हमे इतिहास से शिक्षा लेनी चाहिए। हमारे पूर्वजों के सामने भी कई चुनौतियाँ प्रकट हुई थीं पर उन्होंने अपने स्वाभिमान को सुप्त नहीं होने दिया था। भारतवासियों अपने स्वाभिमान को जागरित करो। सुदीर्घकाल से चली आ रही शौर्य की परिपाटी को जड़भूत मत होने दो। भारत माता की रक्षा करो।

जातियों को छोड़ो और एक हो जाओ। पंथ सम्प्रदायों को त्यागो और सनातन में ओतप्रोत हो जाओ। प्राचीनकाल में जब हम एक थे तब हम संसार की महाशक्ति थे, तब कोई हमारा बाल भी बाँका नहीं कर पाया था। जब से हम जातियों में, पंथों और सम्प्रदायों में विभक्त हुए तो निर्बल हो गए। इस निर्बलता का दुष्टों ने लाभ उठाया और हमारे देश के कई टूकड़े कर दिए। हमें फिर से एकजुट होना पड़ेगा। चीन नें मानसरोवर छीन लिया, कैलाश पर्वत ले लिया। पाकिस्तान ने आधा काश्मीर ले लिया, बल्टिस्तान ले लिया और तुम सोये हुए हो। भारत को खण्ड खण्ड कर दिया और तुम नींद में पड़े हुए हो। अब तुम्हें जागना होगा। महाराणा प्रताप जागे थे तो हल्दी घाटी लाल हो गई थी। शिवाजी जागे थे तो मुगलों को धूल चाटनी पड़ी थी। झाँसी की रानी जागी थी तो अंग्रेजों की छातियों से रक्त मे पनाले छुट पड़े थे। गुरु गोविन्द जागे थे तब शत्रु थरथर

काँपने लग गए थे। भीम अर्जुन जागे थे तो कौरवों का समुच्छेदन कर दिया था। जागो फिर इस बार। जागो तुम्हें मर्यादा पुरुषोत्तम श्रीराम की सौगन्ध। जागो तुम्हें योगेश्वर श्रीकृष्ण की सौगन्ध। जागो तुम्हें परशुराम की सौगन्ध। जागो तुम्हें विश्वामित्र की सौगन्ध। भारत को फिर से विश्वगुरु बनाओ। संसार का सिरमोर था भारत, फिर से विश्वविख्यात करो। जागो फिर इस बार। तुम्हें जगाने के लिए कई संतों, कई महात्माओं ने बलिदान दे दिया पर तुम सोये रहे। तुम भारत माता के सुपुत्र हो। भारत माता को फिर से संसार की शिरोमणी बनाना है। वेदों की ओर लौटो, उपनिषदों को आत्मसात करो, दर्शनशास्त्रों को पढ़कर विद्वान बनो, रामायण से अपना चरित्र निर्माण करो, महाभारत से व्यवहार सीखो, गीता से ज्ञान प्राप्त करो, योग को आत्मसात करो।

ऐसा नही है कि तुम सोते ही रहते हो, तुम अवश्य जागते हो। जब जब राष्ट्र पर संकट आता है तुम जागते हो। जब देश पर विपत्ति आती है तुम हूँकार भरते हो। पर तुम यूँ ही नहीं जागते तुम्हें जगाना पड़ता है। आज मैं तुम्हें जगाने आया हूँ। भारत माता का आर्तनाद सुनो, गौ माता की पुकार सुनो, गंगा माता की लल्कार सुनो, हिमालय की हूँकार सुनो, काश्मीर की पीड़ा सुनो, समुद्र का अह्वान सुनो और जागो। मैं जानता हूँ कि तुम जागोगे तो सारी समस्याओं का समाधान हो जाएगा तो जागो फिर इस बार।

सभी बोले, 'जागो फिर इस बार।'

भाषण समाप्त हो गया। कार्यक्रम का समापन भी हो गया। द्रोण ने झोला उठाया और जाने लगे। ठाकुर बोले 'मैं, भी आप जैसा शिक्षक बनूँगा। भारत के स्वाभिमान को जगाऊँगा। आपने मुझे प्रेरित किया, सदैव आपका आभारी रहूँगा।'

अन्य प्राध्यापक भी द्रोण के पास आ गए और उन्हें गले लगाने लगे।

तोमर बेनजी बोली, 'मैं भी आपकी तरह विद्यार्थियों को भारतीय संस्कृति की बातें बताऊँगी। भारतीय सभ्यता की बातें बताकर उनका निर्माण करूँगी। विद्यार्थियों का निर्माण होगा तो राष्ट्र का निर्माण होगा।'

कुलकर्णी ने द्रोण को गले लगा लिया। आँखें डबडबा गयीं। बोले, 'मैं आपको कभी नहीं भुलूँगा। आपके पदचिन्हों पर चलकर गुरुकुलों की पुनर्स्थापना करने में अपना सबकुछ न्यौछावर कर दूँगा।'

पटेल का गला रुँध गया। कहने लगे, 'हमें राष्ट्र की रक्षा करनी होगी। राष्ट्रीय मानबिन्दुओं की रक्षा करनी होगी। आपने हमें सही मार्ग बताया।'

बन्टा बाबू बोला, 'सर, मैं आपसे एक बात सुनना चाहता हूँ।'

द्रोण ने पूछा, 'कौन सी बात?'

'आप जाते जाते एक बात बोल दीजिए कि बन्टा बाबू दारू छोड़ दो।'

'मैंने तो आपको कई बार कहा है।'

'आज अन्तिम बार बोल दीजिए।'

'ठीक है, बन्टा बाबू दारू छोड़ दीजिए।'

'आज से छोड़ दी' बन्टा बाबू आगे बोला, 'अब कभी नहीं पीयूँगा।'

'पता नहीं।'

कण्ठ पर हाथ रखकर बन्टा बाबू बोला, 'आपका यह वाक्य मेरे लिए गुरुमंत्र बन गया है। जीवनभर दारू को हाथ नहीं लगाऊँगा।' और बन्टा बाबू रोने लगे।

मानस की आँखों से आँसू छलक रहे थे। चरण स्पर्श करते बोला, 'सर मैं आपके चरणों की सौगन्ध खाकर कहता हूँ कि भारत की गौरवगाथा को पूरे विश्व को बताऊँगा।'

अवि के आँसू भी नहीं रुक रहे थे। भीगे नेत्रों को साफ करते हुए कहने लगा, 'भारत को फिर से जगतगुरु बनाने के लिए मैं अपना पूरा जीवन समर्पित कर दूँगा।'

श्रेष्ठा की आँखें रो रोकर लाल हो गई थीं। बोली, 'मैं वैज्ञानिक बनूँगी और भारत की प्राचीन **टेक्नोलोजी** का अध्ययनकर उसे फिर से स्थापित करूँगी।'

कृति भी हिचकियाँ भर रही थी। कहने लगी, 'मैं संस्कृत सीखूँगी। संस्कृत के ग्रन्थों में भारत की प्राचीन कलाओं और विद्याओं का भण्डार भरा है, उन्हें जन जन तक पहुँचाऊँगी। संस्कृत को राष्ट्रभाषा बनाने के लिए जी जान लगा दूँगी।'

अरविन्द ने अपने आँसू पोछते हुए बोला, 'मैं राजनीति में जाकर भारत का सफल नेतृत्व करूँगा और भारतीय संस्कृति को फिर से संसार में स्थापित करूँगा।'

सुंटील भी रो रहा था। उसने क्षमा याचना की। कहा, 'मैं सारे उल्टे पुल्टे

काम छोड़ दूँगा। अब वेदों का प्रकाण्ड विद्वान बनूँगा।'

अंटुराग हिचकिया भर भरकर रो रहा था। दृढ़ संकल्प लेते हुए कहने लगा, 'मैं दर्शनशास्त्रों का अध्ययन करूँगा। अष्टांग योग का प्रचार करूँगा।'

द्रोण जाते जाते बोले, 'मैं आप लोगों को सदैव स्मरण करता रहूँगा।'

कुलकर्णी बोले, 'हम सब आपकी क्रांति में सहयोग करेंगे। हम भी जागेंगे और दूसरों को भी जगाएँगे।'

सभी प्राध्यापक और विद्यार्थी एक स्वर में बोले, 'जागो फिर इस बार।'

द्रोण के मुखमण्डल पर आत्मविश्वास इठलाने लगा। वह लम्बी लम्बी डग भरते हुए चले गए।

www.ingramcontent.com/pod-product-compliance
Lightning Source LLC
LaVergne TN
LVHW102104041026
849558LV00002B/48
* 9 7 8 9 3 9 1 5 7 1 5 9 7 *